モバイル
メディア時代
の働き方

拡散するオフィス、集うノマドワーカー

松下慶太
Keita Matsushita

keiso shobo

はじめに

私たちの働き方は今後どうなっていくのか。これが本書に通底するテーマである。

ＡＩなど人工知能、ロボットに仕事を奪われる――。そんな危機感を募らせる言説が近年目につくようになった。一方で、私たちは高度プロフェッショナル制度導入の議論に見られたように長時間労働、過労死など働きすぎに対する危機感も募らせている。

私たちは働きたいのか、働きたくないのか。もちろん、この二択は究極論であり、トートロジーになるが、私たちは「働きたいように、働きたい」のである。では私たちの「働きたい」はどういったものなのか、どこにあるのか、どのように達成しようとしているのか。本書はモバイルメディアが普及した現代における「働きたいような働き方」を探ったものである

「働きたいような働き方」と言った場合、どのようなものを指すのか。少々、乱暴にまとめると、対価やモチベーションなどを含めた「やりがい」、身体的・精神的なものを含めた「健康」、自分は他のものに代替されないという「創造」の三つが自分の納得する形で成立するような働き方であると言える。ある人にとっては「やりがい」があれば「健康」や「創造」はそれほど担保されていなくても

良いという人もいるだろう。また、ある人は「健康」を重視し、「やりがい」や「創造」については目をつむるということもあるだろう。もちろん、この三つをすべて満たしていないと嫌だ、という人もいるだろう。しかしながら、これら三つのどれも無しに満足しているという人はほとんどいないのではないだろうか。つまり、私たちは働くにあたって、あるいは働いている中で、これら三つの要素を求め、満足し、時には妥協しながら生きているのである。

もうひとつ意識したいのは、働き方そのものが多様化しているという点である。言い換えると、私たちは現在、働き方の「相転移」を体感する時代にいる。工業化社会のイメージでの働き方は、決まった時間に決まったところで、決まったことを行う、いわば「固体」だったとすると、インターネットとパソコン（ＰＣ）を中心とするＩＣＴ（Information Communication Technology：情報通信技術）の発展によって情報伝達やコミュニケーションの速度と範囲はこれまでと比べ物にならないくらい速く、広いものになった。サービス業を中心とするいわゆるホワイトカラーの仕事は、時間や空間に制約されず、いろいろなところに流れ出て、仕事と生活との境界がないまぜになる「液体」になった。

二一世紀以降のモバイルメディア、ソーシャルメディアの発展と普及は、ワーカーそれぞれのモビリティを高めるのと同時に、産業においてはイノベーションが重要になり、そのためのクリエイティビティとコラボレーションに注目が集まるようになった。その中では、これが仕事、という明確なものがなくなり、遊ぶように働くといった、いわば「気体」のようになりつつある。こうした流れを工業社会から情報社会への移行、またそれに伴う産業構造やビジネスモデルの変化と捉えることもできるが、働き方に即して考えた場合、事態はそれほど単純ではない。なぜなら、実際は上記で示したような類型が業界ごと、会社ごとに混じり合いながら存在しているからである。私たちは就活や転職で業界やそれぞれの企業を選んだり、介護や育児などの事情、転勤、配置転換やリストラなどで変わらざるを得ない中で、多様な働き方に接し、選択することになるのである。

筆者はこれまでメディア・コミュニケーション、若者、教育・学習というテーマを研究してきた。モバイルメディアやソーシャルメディアによって若者たちのコミュニケーションの様式や時間・空間感覚がどのように変容してきたのか、またそうした時代の若者たちにとって、学校における教育と学校外での学びとはどのようなものになっていくのか、について調査してきた。

一〇年以上こうした研究を進めてきた中で、日本をはじめさまざまな国でのフィールドワークやインタビューで接した中学生、高校生たちは学校を卒業し、働き出す年齢となった。日本では、大学の在学中にインターンシップをはじめ、就職活動を行う。インターンや就職活動、また働き出した彼ら彼女たちと話す中で出てくる、「働きたくない」という本音。その本音を探っていくと、そこにあるのは実は働きたくないということよりも、「なぜそうやって／こうやって働かなければならないのか」という現在の働き方への違和感である。通勤、転勤、休暇、配属など会社にとってはある程度、合理的なものかもしれないが、そのために自分のやりたいことや幸福、健康を犠牲にする合理性はどこにあるのか。これをこれから何十年と続けていけるのか。その前提となっているものは本当に絶対的なものなのか。もっと違ったやり方があるのではないか。こうした若者たちが働き方に対して表明する違和感。それが本書の出発点となっている。

もうひとつの出発点は、モバイルメディア、ソーシャルメディアによる「いつでも・どこでも」と

「いま・ここ」の再構成である。メディアの発展によっていつでも、どこでも時間と場所を問わずコミュニケーションを取ることが可能になった。教育・学習という文脈でもこれまでメディアを活用した放送教育、遠隔教育は中心的な関心であった。もちろん、近年のMOOCs（Massive Open Online Courses）に至るまでメディアを活用して学校から授業、講義を配信するための技術は発展し、「いつでも・どこでも」教育を受けるという流れは広がりを見せている。しかし、それと同時に、オンラインで授業を受けつつ、都市を移動しながらプロジェクト単位で学ぶミネルヴァ大学が注目されているように、むしろオンラインを前提とした「いま・ここ」の意義も高まっている。つまり、モバイルメディア、ソーシャルメディアによって可能になった「いつでも・どこでも」は時間や場所を拡散させるのと同時に、それを前提とした「いま・ここ」の意義を再構成した。こうした変容は教育だけではなく、あるいは教育よりも大きなインパクトで働く場所や働き方の変容を迫っている。こうした二つの出発点から現代における働き方のありようを探っていく。

しかしながら、本書はワーカーそれぞれがどのように働くべきか、また同時に、企業あるいは関連部署がどのようにオフィスや働き方についての制度を設計すべきか、という「べき論」を提示するものではない。本書がもとづくのは主にフィールドワークによって得たデータである。数年前に研究をスタートした初期は、さまざまなオフィスやコワーキングスペースへの訪問や聞き取りを行った。徐々にコワーキングスペースにおけるフィールドワークも数時間から数日に、さらに（当初、設計していたよりもはるかに長い）一ヶ月に及ぶまで滞在するようになった。それは働く場所や働き方についての「べき論」や、働くことと暮らすことの「当たり前」が果てしなく溶け出している現状と、それに伴って、どのような「兆し」が見えつつあるのか、を探る中で生じた必然的な変更でもあった。

　本書ではこれらのフィールドワークのデータからインターネット、モバイルメディア、ソーシャルメディアなどメディアの進展とそれによる時間・空間感覚の変容がこれまでの働き方を規定していたさまざまな前提を良くも悪くも覆すことで、どのような可能性が提示されてきた／いるのか、そして、どのような実践がなされ、それらをどのように捉えることができるのか、を極力冷静に提示していきたい。それによって、ワーカーそれぞれが「どのように働くべきか」ではなく、自分の価値観や幸福観に合わせて「どのように働くことができるか」、また企業も「どのように設計すべきか」ではなく、「こうした働き方ができるのではないか」「こうした制度を設計できるのではないか」を考える、議論するきっかけと視点を提供することを目指す。

モバイルメディア時代の働き方

——拡散するオフィス、集うノマドワーカー

目次

序章　メディア論から「働き方」を考えることの意義

0・1　メディア論と働き方との交差点

なぜメディア論の対象として、若者のコミュニケーションや文化ではなく働き方を取り上げるのか。あるいは逆に、働き方を経営学や心理学ではなく、メディア論から分析するのか。一見、直接的なつながりがないようなこの両者がどのように交差するのか。やや古く見えるかもしれないが、メディア論の始祖とも言えるマクルーハン（McLuhan, M.）のメディア論から本書の基本的な姿勢を考えていきたい。

メディア（Media）は、中間や媒介を意味する「ミディウム（Medium）」の複数形であることからも意味されるように、メディアは送信側と受信側の間に立って、メッセージを運び、コミュニケーションを成立させているもの、と捉えることができる。マクルーハンはテレビが登場し、普及しつつあった一九六〇年代に「メディアはメッセージ（The Medium is the Message.）」と主張した（McLuhan 1964=1987）。すなわち、伝達される情報（メッセージ）そのものではなく、それを運ぶメディアそれ自体がある種のメッセージ性を持っており、人間の思考様式や社会に影響を与える、と主張したのである。メディアというとテレビや新聞、ラジオなどが一般的に考えられるが、マクルーハンはメディアをより幅広く、テクノロジー全般として捉えており、それらは身体機能を拡張させるものだという。例えば、ハンマーは腕の拡張と言えるように、電話（Telephone）は、文字通り「ｔｅｌｅ：離れた＋ｐｈｏｎｅ：声」であり、同様にテレビ（Television）は「ｔｅｌｅ：離れた＋ｖｉｓｉｏｎ：視ること」であるように、それぞれ聴覚や視覚、マクルーハン風に言えば「中枢神経組織」を拡張しているものと捉えることができる。そして、ある感覚がテクノロジーによって拡張されると、全体として他の感覚との比率が変化する。その結果、私たちは他の感覚も含めて今までとは異なった世界の捉え方をするようになる。

マクルーハンは当時の社会を、文字文化にもとづいた「機械」の時代から、（電話やラジオ、テレビなどの）電子メディアにもとづいた時代に移行した社会であると捉えていた。こうした電子メディアにもとづいた時代のひとつの特性として「オートメーション」がある。オートメーションは機械と何が違うのか。マクルーハンは「人間の労働と人間の結合の再構造化が細分化の技術によって形づけられたのであり、それが機械技術の本質というものだ。オートメーション技術の本質は正反対である。機械が人間関係のパターン化において細分的、中央集中的、表層的であったのに対して、オートメーションは深層的、統合的、分散的である」（McLuhan 1964=1987 : 7-8）とする。[1] つまり、機械からオートメーションへの移行は細分から統合、中央集中から分散、表層から深層、という移行であった。こうしたオートメーションで示されているような特性は他の論者も示すように、一九六〇年代のテレビやラジオよりも、むしろ一九九〇年代以降のインターネット時代においてより実感できるだろう（Levinson 1999=2000; Kelly 2016=2016; 服部 2018 など）。

こうしたオートメーションの時代における仕事や働き方についてもマクルーハンは次のように示唆する。「将来は、オートメーション時代における生き方の学習が、人々の仕事の内容になるであろう。これは電気による芸術全般に見られるパターンである。これによって、文化と技術、芸術と商業、仕事と余暇などの古い二分法は終わることになる。断片化を特色とする機械の時代には、余暇とは仕事がないこと、あるいは単なる怠惰にすぎなかったが、電気の時代では、その逆が真実となる」（McLuhan 1964=1987: 363）とあるように、これまで機械の時代では断片化、分離されていたこと、また仕事ではないとされてきたことこそが仕事となる。こうしたマクルーハンの仕事の捉え方は近年叫ばれる働き方改革や柔軟な働き方などで言われていることにも相似している。

ここまで見てきたように、仕事や働き方は、メディア論から遠い領域ではなく、実は比較的初期の時点から関心の領域として挙げられているのである。マクルーハンの言うように、メディアを身体を拡張させるテクノロジー全般として捉えるメディア論は、人々の感覚のパターン、世界の認知の仕方を変え、それは必然的に仕事や働くことのあり方、私たちの仕事への関与の仕方、働き方そのものを再編成していくことと密接に関わっている。近年のＡＩやロボットなど先端テクノロジーによる新たなビジネスの創出への期待、逆に雇用への懸念などもこうした視点から捉えることができる。一方で、こうしたマクルーハンの指摘はテクノロジーやその発展が人々の行動や社会のあり方を一方向的に規定するという技術決定論に過ぎるという批判もある。

そのため本書では、テクノロジーと社会とが相互に影響し合うような関係性を読み解く社会構成主義、あるいはより歴史社会的な文脈にも目を向けるような「ソシオ・メディア論」（水越 1996）などの視点も取り入れつつ検討していく。すなわち、テクノロジーによって私たちの働き方は影響を受けているが、それと同時に、私たち自身も自分たちが働く中でさまざまなテクノロジーを用いており、両者が相互に影響しあっている関係性やその背景となる歴史的文脈にも目を配りながら検討していく、という姿勢である。

0・2 「第四次産業革命」と「人生一〇〇年時代」

マクルーハンは、メディアは人間の機能を拡張してきたと主張したが、それは別の言い方をすると、人間の欲求から行動までの「閾値（反応が起こる最小の値）」をテクノロジーによって引き下げてきた歴史とも言える。

例えば、アマゾン（Amazon）は「閾値」を下げるサービス展開をしている好例だろう。アマゾン・ダッシュボタンはPCやスマートフォンでウェブページにアクセスしなくてもボタンひとつで欲しいものが届くようになった。また二〇一八年にアメリカでオープンしたアマゾンＧｏはレジのないスーパーで、スマートフォンがあればレジに並ぶことなく商品を持ち帰ることができる。

こうしたアマゾンが提供するサービスは、お店に行って買う、レジに並んでお金を払って買う、あるいは、ウェブページにアクセスする、通信販売は届くまで時間がかかる、という私たちがこれまで当たり前だと思っていたことを取り崩し、買い物に行くのが面倒だ、並んでいるものをそのまま持って帰ることができたら、という買い物という行為にまつわる私たちの根源的であるがゆえに潜在的であった欲求を満たす。さらに言えばボタンを押せば商品が届く、というのは人間の根源的な欲求というよりも新しい経験でもある。

ここで見たアマゾン・ダッシュボタンやアマゾンGoは買い物にまつわる新たなサービスであるが、常時インターネットに接続されているモバイルメディアは他の領域でもさまざまな変容をもたらしている。そうした領域で最も興味深いもののひとつは、本書のテーマでもある「働き方」である。私たちの多くは好むと好まざるとにかかわらず、働く時間が生活の大きな部分を占めている。過度の残業や高度プロフェッショナル制度が取り沙汰され、メンタルヘルスや過労死が大きな社会問題になるように、私たちは時には死に至るまで長い時間を仕事に費やしてしまう。

一方で、私たちが働くのはお金を稼ぐためという理由があるものの、ワーク・ライフ・バランスやモチベーションなどがポイントになるのであるならば究極的には、しなくてもよいものであるとも言えるのではないか。近年いくつかの国で社会実験が行われているベーシック・インカムはそうした発想にもとづいている。そもそも狩猟や農耕まで遡ると仕事は生活と一体化していた。そう考えると、現代において「働くこと」とは一体、何なのか、という問いに直面することになる。

これまでも一九九二年の「時短促進法」や一九九八年の「改正労働基準法」、あるいは二〇〇〇年代半ば以降のワーク・ライフ・バランスの盛り上がりなど何度かの波はあったものの、改めて二〇一〇年代以降は政府、企業、個人あらゆるレベルでさまざまな議論、実践、改革が行われているように、働き方への注目が高まっている時期であると言えるだろう。近年のこうした流れの背景にあるキーワードを挙げると、「第四次産業革命」と「人生一〇〇年時代」であろう。

二〇一六年以降、ダボス会議（世界経済フォーラム年次総会）において、「第四次産業革命」が大きなトピックのひとつとして取り上げられている。一八世紀後半～一九世紀にかけて起こった蒸気機関などをはじめとした「第一次産業革命」、一九世紀後半の電気、石油を中心とした「第二次産業革命」、二〇世紀後半のインターネットを中心とした「第三次産業革命」に続いて、二一世紀に入って大量のデータ収集と処理を基軸としたＡＩ、ＩｏＴ、ブロックチェーンなどデジタル技術の急速な発展による産業変化が「第四次産業革命」と位置づけられる。あるいは「狩猟社会」「農耕社会」「工業社会」「情報社会」に続く社会という意味でサイバー空間とフィジカル空間が高度に融合する「Ｓｏｃｉｅｔｙ ５・０」とも言われている。[2] こうした産業変化はシェアリング・エコノミーなどビジネスモデルにおいても大きな変化を引き起こし、企業にとってはイノベーションをどのように起こしていくかがこれまで以上に重要になると叫ばれている。

このような社会変化の中で運送や流通、また弁護士や金融業などでも定形業務を中心とした雇用が将来的に、一部は現在進行系で、ＡＩやロボットの発展によって置き換えられるとも言われている。例えば、『ＭＩＴテクノロジーレビュー』（*MIT Technology Review*）によると、ゴールドマン・サックスでは二〇〇〇年に六〇〇人いたトレーダーが二〇一七年には二人になり、代わりに二〇〇人のエンジニアによってサポートされるプログラムになった。[3] そうした中で、ＡＩに置き換えられないためにワーカーたちにとって重要になってくるのはクリエイティビティとソーシャル・スキルであると言われている（Frey and Osbone, 2013 など）。

日本の人生一〇〇年時代構想会議のメンバーでもあるグラットン（Gratton, L.）は「人生一〇〇年時代」とも言える長寿化社会が到来することによってこれまでの「教育」「仕事」「引退」という三つのステージを順に経るという人生のモデルが転換すると指摘する。今後はこれらのステージに加えて、自分のキャリアを考えたり、新たな知識やスキルなどを身につける「エクスプローラー」、企業に所属するのではなく、フリーランス的に自分で仕事をする「インディペンデント・プロデューサー」、さまざまな活動を組み合わせて並行的に行う「ポートフォリオ・ワーカー」、またステージを移行するための「トランジション」といったステージが考えられ、個人がそれぞれの状況に合わせて、これらのステージを行き来するマルチステージ・モデルが到来するという。こうしたマルチステージ・モデルの中では貯金や不動産などの「有形資産（Tangible Assets）」だけではなく、無形資産が重要になってくる。「無形資産（Intangible Assets）」とは、知識やスキル、人間関係などを含む「生産性資産（Productivity）」、健康などの「活力資産（Vitality）」、変化に対応する意志や能力を含む「変身資産（Transformation）」である（Gratton & Scott 2016=2016）。

日本においてもこうした変化に対応すべく二〇一七年に「人生一〇〇年時代構想会議」が設立され、グラットンも会議のメンバーとして参加している。こうしたマルチステージ・モデルとなる人生一〇〇年時代において重要になってくるのは、知識やスキルを必要に応じて身につけることができる生涯学習（Lifelong Learning）と、多様な生き方を担保する柔軟な働き方であろう。

これら第四次産業革命、人生一〇〇年時代というコンセプトは、これまで私たちが「普通」と考えてきた、オフィスに通勤し、仕事をするという、いわゆるホワイト・カラーのワークスタイルに変化をもたらすことを示唆している。世界経済フォーラムが二〇一六年に発表したレポート『仕事の未来（The Future of Jobs）』によると、二〇二〇年までに産業に影響を与えると予想される人口統計・社会経済的な要因として「仕事の質の変化、柔軟な仕事」を挙げた回答者の割合は四四％と最も多く、つづく「新興市場における中間層」の二三％、「気候変動・天然資源」の二三％を大きく上回った。レポートでは、リモートワークやコワーキングスペース、遠隔会議などのワーク・プレイス・イノベーションが実装されることにより、企業はますますコアとなるフルタイム雇用の従業員をこれまでより少なくし、一方で、他国で働く社員また特定のプロジェクトのための外部コンサルタントや業者をバックアップとするようになる、と指摘している。また技術的な要因として最も多かったのは「モバイル・インターネット、クラウド技術」の三四％、つづいて「処理能力、ビッグデータ」二六％、「新エネルギー供給・技術」二二％であった。モバイル・インターネットはビジネス、公共部門の双方で、よりサービスを効果的に配分することで、労働による生産性向上に寄与し、またクラウド技術やそれを利用したアプリケーション技術はローカルでの処理能力やソフトが必要なくなることでよりインターネットにもとづいたサービスの拡大につながると指摘されている（World Economic Forum 2016）。

こうした変化はワーカーにも影響を与えることになる。マッキンゼー（McKinsey & Company）が二〇一六年に発表した独立した仕事（Independent Work）に関するレポートによると、アメリカ、EU諸国において、ウーバー（Uber）、エアビーアンドビー（Airbnb）などシェアリング・エコノミーおよび、独立して働くためのデジタル・プラットフォームの発展を背景として、労働人口の二〇〜三〇％にあたる、おおよそ一億六二〇〇万人の「独立した労働者（Independent Workers）」があるという。[4] その内訳を見ると、独立した働き方を主たる収入源として、好んで選択している「フリーエージェント（Free agent）」が全体の三〇％、副収入として好んで選択している「カジュアル・アーナー（Casual earner）」が四〇％、主たる収入源として仕方なく選択している「リレクタント（Reluctants）」が一四％、仕方なく一時しのぎとして選択している「財政的困窮者（Financially strapped）」が一六％であった。

このように、過半数が独立して働くことを自ら好んで選択しており、一定数がそれを主たる収入源として生活しているという状況が見えてくる。デジタル・プラットフォームのさらなる発展、また日本においても複業・副業が解禁される方向に向かう情勢から、こうした傾向は今後も増えていくと考えられる。留意しておかなければならないのは、こうした変化をＡＩやロボットなどによって人間が置き換えられるという脅威論やＡＩやロボットに負けないためにという勝敗論は現実的ではないという点である。むしろ、前述したように、こうした技術決定論的な視点に立つのではなく、私たちの働き方がこれらのテクノロジーと一緒にどのように変容し合うか、を歴史的、社会的な文脈も踏まえつつ、相互作用的に捉え直すことが重要であろう。

０・３　「ワークプレイス」への注目

以上で見てきたように、第四次産業革命、人生一〇〇年時代において、モバイル・インターネット、クラウド技術などの発展と普及によって、働く場所や、それに伴う働き方はより柔軟になり、仕事そのものが変容しつつある「全国就業実態パネル調査」をもとにしたリクルートワークス研究所による調査報告『Works Index 2017』によると、。日本においても、勤務時間や場所の自由度が他の項目と比較して最も大きい上昇率を見せた。

こうした変化の中で、働く場所はオフィスに止まらず、自宅や街、交通機関も働く場所となった。本書ではこうした働く場所をオフィスだけでなくそれ以外の場所、また一時的にそのように利用することも含めて「ワークプレイス」と呼びたい。

例えば、ソフトウェア開発を手がける株式会社ソニックガーデンはワークプレイスとしてのオフィスを極端に排除している。ソニックガーデンは社員全員がリモートワークを行っている。オフィスはなく、打ち合わせや作業スペースが全国に三ヶ所あるだけで、基本的にはオンラインで会議や打ち合わせなどを行うといういわゆる「オンライン・ファースト」の企業である（日本経済新聞二〇一八年六月五日朝刊）。ソニックガーデンは二〇一八年の「第三回ホワイト企業アワード」においてイクボス部門賞を、また二〇一九年には第一九回テレワーク推進賞において、中小企業テレワークチャレンジ特別奨励賞（テレワーク実践部門）を受賞するなどワーク・ライフ・バランスを実現できる働き方が評価されている。社員三〇名ほどの規模なのでこうした働き方が可能であるという一面はあるものの、これまでとは異なる働き方、ワークプレイスのあり方を示しているという点で興味深い事例である。

もうひとつ事例を挙げておこう。二〇一八年二月、世界中にコワーキングスペースを展開するウィーワーク（WeWork）が東京六本木に日本での初となる拠点を開設した。今後も日本で一〇ヶ所以上の拠点を展開する予定だという。ウィーワークはフリーランスで働く個人、小規模のスタートアップのチーム、一〇〇名近くの社員がいる企業などさまざまな単位で利用されている。二〇一一年にニューヨークで第一号のスペースを開設後、アメリカをはじめ世界中に拠点を広げており、企業価値は二〇〇億ドル以上にものぼるとされている。ウィーワークのミッションは次のように掲げられている。

二〇一〇年にウィーワークを始めた時、私たちは美しいシェアードオフィススペース以上のものを創りたいと考えました。それはコミュニティです。「ｍｅ」という個人として参加しながらも、より大きな「ｗｅ」の仲間になれる場所。利益だけでなく、個人の充足感を尺度として成功を定義し直す場所。コミュニティの存在が、私たちに無限のインスピレーションを与えてくれるのです。(5)

このようにウィーワークは利益だけではなく、コミュニティや充足感といった一見、効率や能率とは別の価値観を重視することを掲げ、またそれが企業価値としても（少なくとも現時点では）評価されている。ウィーワークはさらに二〇一六年から「ウィーリブ（WeLive）」というシェアハウスサービスをスタートさせた。ウィーワークのこうした動きからも示されるように、ワークプレイスはより都市と、さらに生活と密接になっている。二〇一八年にはさらに起業家マインドを育成するための「ウィーグロウ（WeGrow）」という教育機関もスタートさせるという。

「仕事のバーチャル化（Work Virtualization）」という視点からワークプレイスの変容を見るとこれ

まで三つの波があった。

　第一の波は、一九八〇年代後半に電子メールなどの広がりである。それによって、在宅での仕事やフリーランスとして働くことが可能になり、「バーチャル・フリーランス（Virtual Freelance）」が登場した。また企業にとっても、プロジェクト単位で彼ら彼女らと契約し、雇用を調整できることは歓迎すべきことであった。

　第二の波は、二〇〇〇年前後から企業においてよりグローバル化と同時に進んだ携帯電話やタブレットなどモバイル機器の普及である。それによって、どこでも働ける環境がより整った。二〇〇一年の九・一一同時多発テロや二〇〇三年頃に流行したサーズ（SARS）などの問題は「事業継続計画（BCP：Business Continuity Planning）」を確保するためにワーカーの生産性を維持しつつリモートで仕事ができることが模索され、「バーチャル社員（Virtual Corporate Colleagues）」が登場した。

　第三の波は、二〇一〇年前後から始まったコワーキングスペースの増大である。オフィスから離れてリモートで働ける環境が技術的にも制度的にも徐々に整っていく一方で、企業は廊下での会話から生まれるような偶然性によるコラボレーションがリモートワークでは難しいということにも気づいた。同時にワーカー自身もコミュニティ感覚やコラボレーションの欠如も問題視し、コワーキングスペースの活用が探られ「バーチャル・コワーカー（Virtual Coworkers）」の時代になっていった。そこではコワーキングスペースは「交通における自転車シェアのように、コミュニティベースで、便利で、環境によいソリューション」と位置づけられる。[6]そのためワーカーたちがコミュニティを形成し、コラボレーションを実践する「サードプレイス」としてコワーキングスペースは成長していった（Johns and Gratton 2013; Leclercq-Vandelannoitte and Isaac 2016)。

このように、情報通信技術の発展とイノベーション、クリエイティビティが重要になる世界におけるワークプレイスを考えた時に、一方ではテレワークやリモートワークなどどこで働くのか、に関して柔軟性を持つ、すなわち必ずしもオフィスに行かなくてもよい柔軟な働き方が模索されていくという方向性と、一方でそれゆえに、ワーカーが実際に集まる場所としてのオフィスあるいはコワーキングスペースはコミュニティやコラボレーションの場としての意味合いがより強調され、デザインされていくという方向性が見られるようになった。

0・4　本書の姿勢

現代において、コミュニケーションの多くはメディアを介して行われている。とりわけインターネットの発展によって、電子メールやチャット・アプリなどによる連絡が増え、会議もスカイプ（skype）などを使ったテレビ会議も多くなった。またポケベルからＰＨＳ、携帯電話そしてスマートフォンなどモバイルメディアの発展によって、ワーカーたちは営業などでオフィスの外にいても、オフィスにいる人と常時、連絡することが可能になった。さらにさまざまなデータの保存できるクラウドサービスはオフィス以外の空間でもまるでオフィスにいるかのように仕事をすることを可能にした。このように仕事にまつわるコミュニケーションの様式は一九九〇年代と比べても急速に変容しており、現在進行形で進んでいる。

ポケベルからＰＨＳ、携帯電話、スマートフォンに至るまでモバイルメディアの発展と普及によってコミュニケーションが断片化され、私たちは「いつでも・どこでも」コミュニケーションが取れるようになった。このような「絶え間なき交信（Perpetual Contact）」（Katz and Aakhus 2002=2003）の時代において、コミュニケーションの利便性が増すのにつれて、前述したように、私たちのメッセージを送りたいという「欲求の閾値」は極限まで下がっていった。基本的にコミュニケーションは一方向的ではなく、双方向である。そういった意味で、「いつでも・どこでも」コミュニケーションを取れるという状態は、送られてきた側にしてみれば常に返信を求められている状態でもある。その結果、自分が送ったメッセージに対して返信がないと不安になる、また大量のメッセージを受信するのと同時に、それらに対して即時の返信、「即レス」が半ば強制されている気になる状態になった。こうしたコミュニケーションからの圧力はミクシィ（mixi）、ツイッター（Twitter）、フェイスブック（Facebook）、ライン（LINE）などソーシャルメディアも同様である。

こうしてメール疲れ、ミクシィ疲れ、フェイスブック疲れ、ライン疲れと現在に至るまで「（メディア）コミュニケーション疲れ」とも言える状況を引き起こした。オフィスにおいても、上司や部下、顧客からの大量のメールやメッセージをどのように処理するかは大きな問題となっている。

例えば、日本ビジネスメール協会が実施している「ビジネスメール実態調査二〇一七」によると、仕事で一日に送受信しているメールの平均通数は、送信で一二・六二件、受信で三九・二八件であった。部長クラスになると送信一七・五八件、受信六三・六九件となっている。また四七・九三％の回答者が一日に一〇回以上メールを確認し、七割を超える人が一日以内に返信がないと遅いと感じることが分かった。このように、モバイルメディア、ソーシャルメディアが私たちにもたらしたコミュニケーション環境は「いつでも・どこでも」という自由が保証された環境であるのと同時に拘束された環境でもあったのである。

モバイルメディア、ソーシャルメディアがもたらしたこのような「自由かつ拘束された環境」としての「いつでも・どこでも」は私たちのプライベートとパブリックの境界を曖昧にした。例えば、オフィスから家族に電話をかけたり、あるいは逆に家族からオフィスに電話をかけるような行為はこれまでパブリック（仕事）とプライベート（家族）を混同する行為として避けられてきた。もちろん、こうした慣習は現在でも続いているものの、オフィスの机の下やトイレなどでスマートフォンから「ちょっと」メッセージを確認するということは（それが許されているかどうかは別として事実上）可能である。しかし、このことは逆に、自宅にいる時に（望んでいなかったとしても）仕事上のメッセージが入ってくるということでもある。つまり、どこでも仕事以外の連絡ができることは、どこでも仕事の連絡が入ることでもある。

これまでオフィスは仕事をするところ、家は生活をするところ、というように物理的場所と社会的場所は分ち難く結びついていた。しかし、インターネットを含めた電子メディア、とりわけ通信技術はその結びつきを自明なものでなくした。

メディア論の古典とも言える『場所感の喪失』において、メイロウィッツ（Meyrowitz, J.）は一九八〇年代にテレビなどの電子メディアによって「私たちが物理的にどこにいるかということは、私たちが社会的にどこにいて誰であるかということを決定するものではもはやなくなったのである」

(Meyrowitz 1985=2003: 231) と指摘した。つまり、「伝統的に近隣や建物や部屋は、人々をそこに物理的のみならず、感情的にも心理的にも閉じ込めてきた。ところが今や、情報は壁を通り抜け、膨大な距離を瞬時に超えてしまうため、物理的に縛られた空間は以前よりも重要でなくなっている。そのため、人がどこにいるのかということと、人が何を知り、経験しているのかということとの関係は、だんだん小さなものになっている。電子メディアは社会的相互行為にとっての時間と空間の意味を変えてしまった」(Meyrowitz 1985=2003: 6) のである。

このようなメイロウィッツの指摘も、マクルーハンと同様、テレビ以上に、インターネットが普及した現代の社会においてより色濃く、鮮明になった指摘と言えるだろう。そして、オフィスだけではなく、自宅や街のカフェやコワーキングスペースもワークプレイスとして捉えることが増えているのはその分かりやすい事例であると言えるだろう。

メイロウィッツが指摘するような電子メディアによる社会的相互行為における時間と空間の変容はモバイルメディアとソーシャルメディアによってさらに加速し、そして質を変えつつある。

二〇一八年五月、エストニア政府は「場所にとらわれないワーカー (Location Independent Worker)」に対して、二〇一九年一月より正式なデジタルノマド・ビザを発給する、と発表した。このビザがあればエストニアで三六五日、シェンゲン条約国でも九〇日間旅行できる。エストニアはスカイプや近年では元スカイプ社員が起業した国際送金サービス「トランスファーワイズ (Transferwise)」など、ITによるスタートアップが盛んである。国家としても電子政府を掲げ、インターネット接続が基本的な権利のひとつとされ、「e-Estonia」として知られるようにほとんどの行政サービスが電子化されたり、「電子居住（e-Residency）」が実施されたりしている。

こうした電子政府の流れと並行して、オンライン上でグローバルに求人ができる「ジョバティカル（Jobbatical）」が二〇一四年にスタートするなど関連した民間のサービスも盛んである。「ジョバティカル」のCEOであるカルユレイド（Kaljulaid, K）はTEDにおける講演で「国境は政策や政治家の反映ではなく、私たちの思考の反映なのです」と語っている。[7] こうしたエストニアの電子国家への転換は人口約一三〇万人と比較的小規模な国であることや、かつてソ連からの独立する中で産業をどのように育てるかが課題であったという社会的・歴史的背景があるものの、国家や国境レベルにおいても、メディアによって働き方や場所という概念を含めて変容しうることを示唆していると言えるだろう。

最後に本書の姿勢を示しておこう。

本書は主にメディア論の視点から、モバイルメディア時代における働き方の行方を示すことが目的である。働き方の未来を考えることは、極論すれば、働くことについての時間と空間の編成を考えることである。そして、前述したように時間と空間がこれまでどのように編成されてきたか、また、どのように再編成されうるのか、について、メディアは密接に関わっている。そういった意味でメディア論においてもワークプレイスは重要な領域となる。

本書では、いつ、どこで働くのかという時間と空間の編成と、その主導権を企業（雇用主）かワーカー個人のどちらが握り、実践してきた／いくのかをメディアと関連させつつ、ワークプレイスがどのような「場」として形成されているのか、またそこでワーカーやマネージャーたちがどのように振る舞っているのか、を検討していく。時間と空間の再編成は単に組み合わせが変わるということだけではない。これまで自明とされていたオンラインとオフライン、デジタルとフィジカル、パブリック（仕事）とプライベート（生活）といった境界が曖昧になることで新たな領域が登場している。それはどのようなものなのか、そしてどのようにデザインされているのか、についての議論と実践も検討する。

そういった意味で、本書の目的は「測定可能な数字」によるテクノロジーや制度導入の事前・事後でのワーカーや企業側にとっての生産性や効率の効果測定や効率的な導入方法を提案・解説することではない。むしろ、生産性向上や効率化という題目で導入されたものがワーカーやワークプレイスの「場」においてどのように実践されているのか、またその中でどのように変容しているのか、に着目する。そのため、効果測定や意識変化などについての量的なデータよりも、むしろ、フィールドワークによるワーカーたちの観察可能な振る舞いや「場」の使われ方についての質的データにもとづき、考察を展開する。

具体的には、第一章では、モバイルメディア、ソーシャルメディアを中心としたメディア・コミュニケーションによって私たちの空間・時間感覚がどのように変容しているのか、を検討する。第二章では、近年の都市を中心とした空間・場所におけるさまざまな動向を示しながら、ワークプレイスとの接続について検討する。これらメディア・コミュニケーションや空間・場所について基礎的な検討の後に、第三章ではオフィスデザインの変化についてクリエイティブ・オフィスへの系譜、そしてオフィス以外をワークプレイスにする流れとしてのテレワーク、またそうした働き方としてのノマド、フリーランスについて考察する。第四章、第五章はコワーキングスペースにおけるフィールドワークにもとづいて考察を展開する。第四章では、海外の都市部を中心としたコワーキングスペースにおけるコミュニティと都市との関連を考察する。第五章では、休暇（vacation）と仕事（work）とを組み合わせた「ワーケーション（workation）」を取り上げ、それが実践される地域との関連性、またワーカーたちがどのようにコミュニティをつくっているか、を第四章とも比較しながら考察する。第六章では、本書における調査・分析にもとづき、これからのワークプレイス、働き方のあり方を考察する。

（1）「機械が人間関係のパターンかにおいて細分的、中央集中的、表層的であったのに対して、オートメーションは深層的、統合的、分散的である」について原文は「It is integral and decentralist in depth, just as the machine was fragmentary, centralist, and superficial in its patterning of human relationships.」となっており、「深層的、統合的、分散的である」の部分は「深層において、統合的であり分散的である」とした方がよいかもしれない。

（2）Society 5.0の概念は二〇一六年の第五期科学技術基本計画で登場した。

（3）MIT Technology Review, "As Goldman Embraces Automation, Even the Masters of the Universe Are Threatened"（Retrieved September 10, 2018, https://www.technologyreview.com/s/603431/as-goldman-embraces-automation-even-the-masters-of-the-universe-are-threatened/).

（4）報告書において、「Independent Work」とは、①仕事の進め方などに関して高い自律性がある、②仕事単位での報酬、③顧客などに対して短期間での関係、という定義を採用している。

（5）Wework, "mission"（二〇一九年四月一一日取得、https://www.wework.com/mission).

（6）自宅でも職場でもない第三の場所。アメリカの都市社会学者オルデンバーグ（Oldenburg, R.）による用語。

詳しくは第二章で触れる。

（7） The Guardian, 15 May 2018,（Retrieved 10 October, 2018, https://www.theguardian.com/cities/2018/may/15/are-tallinn-digital-nomads-building-the-city-of-the-future）.

ウィンドウズ95が発売されブームを巻き起こしていた一九九五年に「プリント倶楽部」が登場し、それ以降二〇〇〇年前後に至るまで女子中高生を中心に「プリクラ・ブーム」を巻き起こし、彼女らのプリクラ帳には多くのプリクラが貼られていった。一九九九年には初のカメラ付き携帯電話がJ－PHONE（現ソフトバンク）から発売され、また「写メール」が登場し、携帯電話で撮った画像をメールで相手に送れるようになった。二〇〇〇年代半ばのソーシャルメディアの勃興をはさみ、二〇一三年には自撮りを意味する「セルフィー（Selphie）」がオックスフォード大学出版局によって「今年の言葉」に選出され、オックスフォード英語辞典に新語として登録された。二〇一七年にはユーキャン新語・流行語大賞に「インスタ映え」が選ばれた。「映え」は字義通り写真が映えることも含むが、写真そのものよりも、むしろそれがソーシャルメディアで共有され、他人のタイムラインにおいて「映える」かどうかが意識されている言葉と言えるだろう。英語では、インスタ映えは「Instagrammble（Instagram＋able）」とされるが、これもそうした意識が反映されていると言える。

このように場所が固定されているプリクラから、カメラ付き携帯電話、さらに写メール、セルフィー、インスタ映えへの流れは写真を撮るという行為がモバイル化され、ソーシャルメディアを通じてシェアされることを前提にするようになったことを示している。一九九〇年代後半から現在に至るまでのモバイルメディア、ソーシャルメディアはさまざまな行為をモバイル化し、ソーシャル化していったのである。

本章では近年のスマートフォン、ソーシャルメディアが普及していく中で、私たちのコミュニケーションやオンライン、オフラインを巡る感覚がどのように変容していったのかについて見ていきたい。

1・1　モバイルへの集約とモバイル・ファースト

スマホ・ソーシャルメディア世代の登場

私たちは好むと好まざるとにかかわらず、メディアに囲まれて生活している。[1] 家族や友人たちとの日常的なコミュニケーションや映画や漫画、アニメ、ゲーム、また音楽や読書など趣味や娯楽もラインやネットフリックス（Netflix）、キンドル（Kindle）などをスマートフォンやPCを通じて行うようになってきた。近年のメディア・テクノロジーの傾向を一言で言えば、スマートフォンやタブレットなどモバイルメディアとツイッターやユーチューブ（You Tube）などソーシャルメディアの発展・普及である。

博報堂DYメディアパートナーズメディア環境研究所「メディア定点調査」によると、メディア（テレビ、ラジオ、新聞、雑誌、PC、タブレット端末、携帯電話／スマートフォン）の接触時間は二〇一八年は三九六・〇分であり、調査が開始された二〇〇六年の三三五・二分からほぼ六〇分増えている。またこのうちPCが六六・六分、タブレット端末が二九・九分、携帯電話／スマートフォンが一〇三・一分であり、合計すると一九九・六分となる。すなわち、これらデジタルメディアが占めている割合は全体の五〇・四％と、約半数を占める。

現代の若者たちは生まれたときから電子メディアに囲まれて育った「デジタル・ネイティブ（Digital Natives）」である。デジタル・ネイティブと、成長した後になって電子メディアに触れた「デジタル・イミグランツ（Digital Immigrants：デジタル移民）」とではメディアへの接触の仕方が異なるだけではなく、認識・感覚そのものが根本的に異なる部分が多い（Prensky 2001a, b）。橋元良明は、日本の状況をより細分化し、PCで書き、ケータイで読む七六世代（一九七六年前後生まれ、以下同様）、ケータイで書き、PCで読む八六世代、モバイル機器中心の九六世代と区分し、特に九六世代を「ネオ・デジタルネイティブ世代」と位置づけた（橋元 2010）。また筆者は、七六世代をデジタル・ネイティブとデジタル・イミグランツ双方の文化の体験者であり、両者をつなげうる世代として「デジタル・ミドル」と位置づけた（松下 2007）。

それではこれらの次の世代である〇六世代はどのように位置づけられるだろうか。日本におけるモバイルメディアとインターネットの時代を簡単に振り返ってみよう。ウィンドウズ95が発売された一九九五年には「インターネット」が流行語となったが、その時点ではインターネットはPCから接続するものというイメージが一般的であった。しかし、一九九六年以降に携帯電話の契約数が一〇〇〇万単位で増加し、また一九九九年にはNTTドコモの「ｉモード」がスタートしたことで、モバイルメディアとインターネットが本格的に結びつき始めた[2]。二〇〇〇年にはＰＨＳ、携帯電話の契約数が固定電話を上回るなどモバイルメディアは私たちの生活の中に完全に根づいたものになった。そうした中で、とりわけ若者たちのコミュニケーションにおいて、ポケベルやＰＨＳ、ケータイ・メールなどによってコミュニケーションの閾値が低下し、用件を伝えるための「インストゥルメンタルなコミュニケーション」あるいは「マイクロ・コーディネーション」に加え、コミュニケーションそのものを目的とした「コンサマトリーなコミュニケーション」あるいは「ハイパー・コーディネーション」が増加した。

こうしたモバイルメディアの普及とそれに伴った私たちのコミュニケーションや行動の変容はメディアやコミュニケーションなどをテーマとする研究者の関心を集め、一九九〇年代半ばから二〇〇〇年初頭にかけて世界各国で勃興しつつあったモバイルメディアとコミュニケーション、人間関係、社会変容との関連に着目した研究が広がっていった（富田ほか 1997; Kopomaa 2000; 岡田・松田 2002; Katz and Aakhus 2002; Rheingold 2002; Ling 2004; Ito *et al.* 2005 など）。

二〇〇四年になると、アメリカでフェイスブックが、日本ではミクシィがサービスを開始した。さらに二〇〇五年にはユーチューブ、二〇〇六年にはツイッターとさまざまなソーシャルメディアが生まれ、普及していった。また二〇〇七年には初代の「ｉＰｈｏｎｅ」が発売される。それ以降、携帯電話からスマートフォンへの移行が徐々に見られるようになる。『通信動向調査平成二二年報告書』によると、二〇一〇年に初めてスマートフォンについても普及率が調査され、その時点では九・七％であったが、二〇一一年には二九・三％、二〇一二年には四九・五％、二〇一三年には六二・六％と年を追うごとに急増している。ここまで見てきたように、一九九五年以降の一〇年を「携帯電話・インターネット」時代だとすると、二〇〇五年以降は「スマートフォン・ソーシャルメディア」時代だと言えるだろう。例えば、大学や会社などで歓迎会を開催しようとすると、日程の調整、お店探し、待ち合わせ、お店までの道のり、記念写真を撮りそれを共有する、などほとんどすべてをスマートフォンで行うことも珍しくない。

スマートフォンがない時代にどのようにそれらの行為を行っていたのか若い世代は想像がつかないかもしれない。携帯「電話」が徐々に電話機能に限らずウェブの閲覧やゲームなどさまざまな用途に広がり「ケータイ」になっていったが、スマート「フォン」は最初からさまざまな機能を有する「スマホ」であった。このように、スマートフォン、ソーシャルメディアが「ない」時代を知らない〇六世代は「スマホ・ソーシャルメディア世代」と言えるだろう。

モバイル・ファーストの時代

「スマホ・ソーシャルメディア世代」が生まれて一〇年で情報環境はどのような状況になっているのか。『平成二九年通信利用動向調査』によると、インターネットを利用する端末として二〇一六年はスマートフォンが五七・九％、PCが五八・六％であったのが、二〇一七年にはスマートフォンが五四・二％、PCが四八・七％と、スマートフォンがPCを上回った。また情報通信機器の保有状況の推移を見ると、二〇一一年以降、スマートフォンとタブレット端末は伸びており、二〇一七年にはスマートフォンがPC、固定電話を上回った（図表1・1参照）。

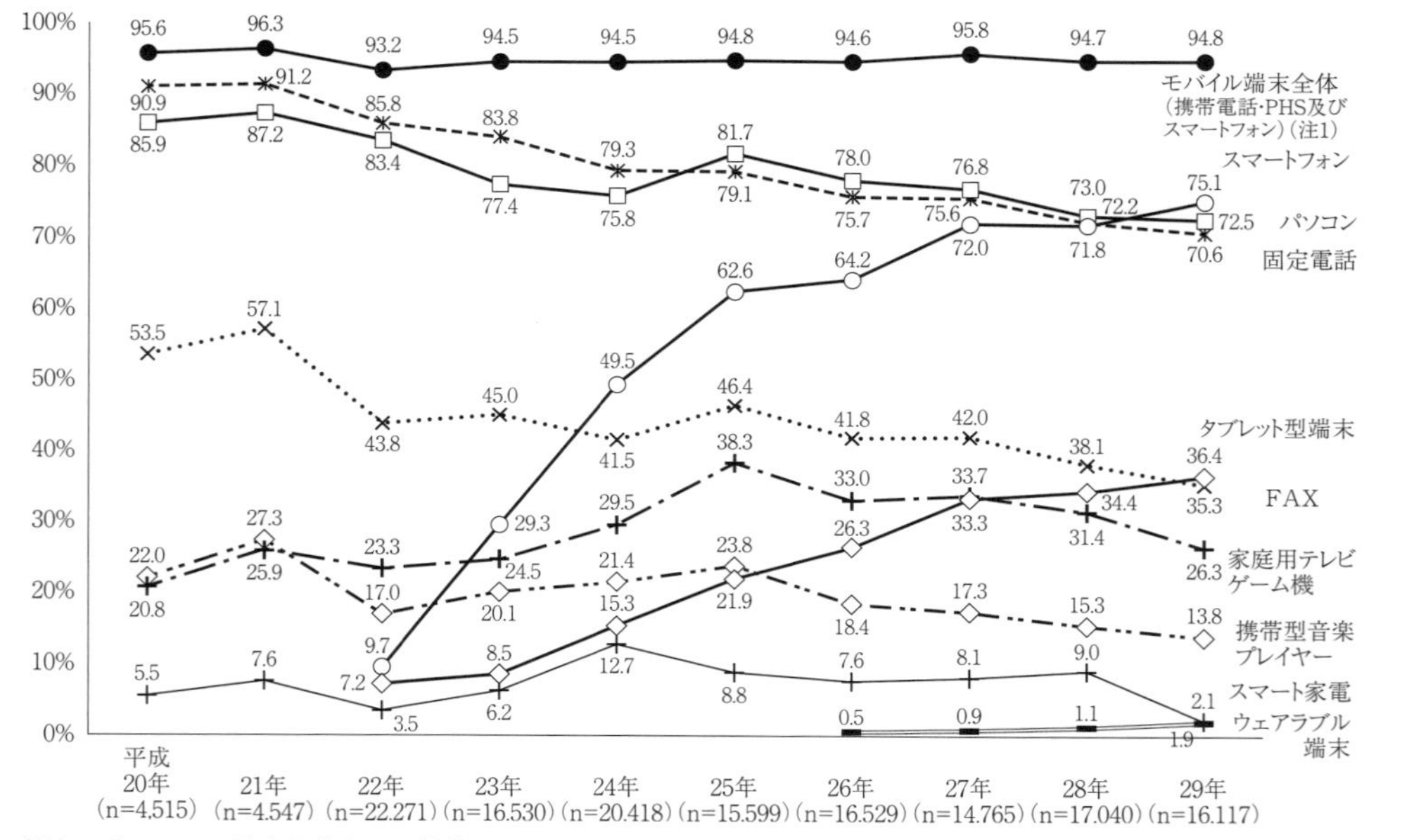

（注）1.「モバイル端末全体」には携帯電話・PHS と、平成 21 年から平成 24 年までは携帯情報端末（PDA）、平成 22 年以降はスマートフォンを含む。

2. 経年比較のため、この図表は無回答を含む形で集計。

図表 1・1　情報通信機器の保有状況の推移（出典：総務省「通信利用動向調査 平成 29 年度」）

また『平成二九年情報通信メディアの利用時間と情報行動に関する調査』によると、二〇一二（平成二四）年では平日におけるインターネット平均利用時間はPCネットが三四・九分、モバイルネットが三七・六分とほぼ同じくらいであったのが、二〇一七（平成二九）年になると、PCネットが三三・五分、モバイルネットが六四・七分と、モバイルネットからのインターネットがPCからのインターネット利用よりも大きく上回るようになった。こうした傾向は平日よりも休日が、また年齢層が若くなるほど顕著である。例えば、休日一日における一〇代の利用状況をみると、PCネットは二六・三分、モバイルネットは一七二・三分となっている。このように、二〇一〇年代半ばから後半にかけてインターネット利用において若者世代を中心にPCからモバイルへと主役が変わり、さまざまな情報を見たり、コミュニケーションに関する行為がモバイルに集約され、「モバイル・ファースト」の時代になっていった。またソーシャルメディアの利用状況を見てみると、二〇代においては二〇一七年でライン（九五・八％）、ユーチューブ（九四・〇％）、ツイッター（七〇・四％）、インスタグラム（五二・八％）、フェイスブック（五二・三％）が過半数を超えており、特にラインとユーチューブは二〇代のほぼ全員が利用している。

一方、モバイルメディア、ソーシャルメディアの普及に伴って、マスメディアの利用は減少している。NHK放送文化研究所『二〇一五年国民生活時間調査』によると、平日におけるテレビの行為者率は一〇代では男性が七四％、女性が七七％、また二〇代では男性が六二％、女性が七五％であった。一九九五年では一〇代では男性が九〇％、女性が九一％、二〇代では男性が八一％、女性が九〇％であったのと比較すると減少している。またテレビの視聴時間量を見ても一〇代、二〇代とも一九九五年調査と比較して三〇〜四〇分減少している。新聞に関しては一九九五年の調査で平日において一〇代では男性が一四％、女性が一三％であったのがニ〇一五年にはそれぞれ四％と三％に、また二〇代では男性が三二%、女性が三二%であったのも二〇一五年にはそれぞれ八%と三%となっている。三〇代にいたっては一九九五年で男性で五五%、女性で五〇%であったのが二〇一五年ではそれぞれ一〇%、一二%と激減とも言える変化を示している。

このような若者を中心としたモバイル、ソーシャルメディアへの移行状況は日本だけではない。ピュー研究所（Pew Research Center）が二〇一八年に発表したアメリカの一三～一七歳を対象にした調査によると、九五%がスマートフォンを所持しており、オンラインの状態になっている割合は「ほぼいつも」が四五%（二〇一四～二〇一五年調査では二四%）、「一日に何度か」が四四%（二〇一四～二〇一五年調査で五六%）と常時接続になっている割合は高くなっている。また、利用していると回答したソーシャルメディアは上位からユーチューブが八五%、インスタグラムが七二%、スナップチャット（Snap Chat）が六九%で、以下、フェイスブックが五一%、ツイッターが三二%と続いている[3]。

二〇〇四年の『平成一六年情報通信白書』では、一九九〇年代前後の移動体の時代、一九九〇年代半ばのマルチメディアの時代、一九九〇年代後半のインターネットの時代の次に二〇〇〇年代初めからは「『いつでも、どこでも、何でも、誰でも』ネットワークにつながることにより、様々なサービスが提供され、人々の生活をより豊かにする社会」としてユビキタスネットワーク社会を紹介している。こうしたユビキタスネットワーク社会に見るような「いつでも・どこでも」インターネットに接続されている社会は、以上で見てきたように、二〇〇〇年代半ばから二〇一〇年代にかけて、スマートフォンを中心としたモバイルメディア、ソーシャルメディアによってかなりの程度で実現していると言えるだろう。それではこうした変化が二〇一〇年代のメディア・コミュニケーションにどのような変容を引き起こしていくのだろうか。

1・2　二〇一〇年代におけるメディア・コミュニケーションの捉え方

「1対1」「1対n」から「n対n」へ

メディアにはスマートフォン、テレビや新聞、雑誌などさまざまなものが挙げられるが、それらを発信者、受信者という視点から区分してみよう。ある人からある人へのコミュニケーションをパーソナルコミュニケーションというように、発信と受信が「1対1」のコミュニケーションを媒介するメディアはパーソナルメディアと言われる。例えば、電話や手紙などがそれに該当する。私たちがメディアとしてすぐに思い浮かぶテレビや新聞、雑誌、ラジオなどは少数から多くの人（mass）に向けて、すなわち「1対n」で発信されることから、マスメディアと呼ばれる。近年のインスタグラムやツイッターなどソーシャルメディアは、発信する人も受信する人も多数の状態を可能にする、すなわち「n対n」のコミュニケーションを可能にするメディアと言える。

「1対1」のパーソナルメディア、「1対n」のマスメディア、「n対n」のソーシャルメディアという区分は一見わかりやすい。しかし、近年のスマートフォンはこれらすべての機能が一台の中にあり、持ち運べる状態にした。私たちはスマートフォンで電話やメールもしながら、ニュースや動画を見たり、インスタグラムやツイッターを利用したりする。

こうした状況の中で、個人的なメッセージと思ってツイッターに投稿したものが他の人の目にも触れて炎上したり、逆に広く投稿したことで探していたひとりの人にメッセージが届くというケースは今や多く見られる。ツイッターには新聞社やテレビ局などのマスメディアのアカウントと、個人の記者やカメラマンなどジャーナリスト個人のアカウントが混在するし、インスタグラムにはアパレルブランドのアカウントと店員の個人アカウントが混在する。二〇一八年七月の時点で歌手のケイティ・ペリー（@katyperry）のツイッターのフォロワー、またセレーナ・ゴメス（@selenagomez）のインスタグラムのフォロワーは一億人を超えており、個人の発信を瞬時に一億人が目にすることができる。

他にも「ニュースピックス（News Picks）」は、ニュースを広く伝えるマスメディアのようでもあるが、それぞれのニュースにさまざまな「ピッカー（Picker）」と呼ばれる人たちがコメントをつけることがニュースだけではない、一種の付加価値となっている。

このように、ソーシャルメディアによる「n対n」のコミュニケーションは発信者と受信者が多数いるというだけではなく、その中に「1対1」「1対n」のコミュニケーション形態も含まれている状況でもある。

「つなげる」「並存する」から「重ねる」へ

コミュニケーションは「伝達」や「通信」という意味だが、「交通」という意味も含まれている。例えば手紙などを運ぶための手段として馬車や鉄道など交通手段が必要であったことを示している。

すなわち馬車で運んでいた手紙が鉄道、飛行機などより速度の速いものに、というように、メッセージの「早さ」はそれを輸送する手段の「速さ」に依拠していた。そのためメッセージをより速く、より手軽に伝達・輸送することがメディアの大きな方向性のひとつであった。

また、もうひとつのアプローチとして、古くは狼煙や鐘、そして電話、ラジオ、テレビ、インターネットに至るまで、メディアはメッセージを物理的なものから解放することで一度に大量に伝えることを可能にし、そしてその速度は限りなくゼロに近づいていった。こうしたメディアの発展の方向性は大きく言えば、「つなげる」ことにあった。

こうした「つなげる」ための速度が限りなくゼロに近づいたことで、メディアは離れていても「いま・ここ」にあるように「並存する」ことを可能にした。とりわけラジオやテレビなどのメディアは離れた場所で多くの人がほぼ同時に、見たり聞いたりすることができるようになった。二〇世紀前半のアメリカでルーズヴェルト大統領が「炉辺談話（Fireside Chat）」と言われるように、ラジオで国民に直接語りかけたり、また戦後の日本では街頭テレビによってプロレスや野球が中継されたりしたように、それらを聞いて、見ている私たちからするとマスメディアによって離れた場所に同時に自分が存在するような感覚を持つことが可能になった。まるでその時、その場所に自分がいるかのような臨場感という概念もこうしたメディアの「並存する」ことを志向していく中で出てきたものであると言える。

「つなげる」「並存する」ことを可能にしたメディアはさらに「重ねる」ことを志向し、実現させている。二〇〇〇年代半ば以降のスマートフォン、そしてソーシャルメディアの発展と普及はオンラインとオフラインを切り離されたものではなく、相互に参照する経験を生み出した。

鈴木謙介はスマートフォンなどによって物理空間にさまざまな情報が入ってくる「孔」が開くことで、ひとつの場所をひとつの意味に固定することができない状況を「多孔化」と呼んでいる（鈴木 2013）。例えば、東京・秋葉原にあるヨドバシカメラマルチメディアＡｋｉｂａにニンテンドーＤＳのゲーム「ドラゴンクエストⅨ　星空の守り人」の「すれちがい通信」のために設置された「ルイーダの酒場」のようにゲームのために物理的な場所が設置された。(4) あるいは写真を中心としたソーシャルメディアのインスタグラムが流行するのに伴って、「インスタ映え」する観光名所や食べ物などが発掘、共有されていくのと同時に、例えば「＃天使の羽」に代表されるような「インスタ映え」するような場所や、食べ物、またインスタグラムの画像の枠を模したパネルなどがつくられていった。

このようにソーシャルメディアで現実の経験を共有するだけではなく、逆にメディアでの経験のために現実の空間や経験が再編されたり、つくられていくようになった。またＡＲ技術などもこうした傾向に拍車をかけている。

以上で見てきたようにメディアによるコミュニケーションは離れている距離をゼロにすべく、つなげ、並存することで新たなコミュニケーションの形態を生み出したが、二〇一〇年代にはさらに、オンラインとオフライン、バーチャルとリアルを「重ねる」ことで新たなコミュニケーションの形態や空間を生み出していったのである。(5)

「拡張する」「適応する」から「フィットする」へ

前章でも述べたように、マクルーハンはメディアを含むテクノロジーを人間の身体機能の拡張だと捉えていた。こうした視点はメディアを人間と外の世界とをつなぐインターフェイスとして捉える視点でもある。二〇世紀以降、ラジオやテレビなどマスメディア、また電話や携帯電話などのパーソナルメディア、さらにインターネットによるソーシャルメディアが発展し、私たちの日常生活の中に普及するのに伴って、私たち自身はそれらを通じたコミュニケーションに対して意識する・しないにかかわらず、どのように向き合うか・扱うか、という「適応する」段階に入った。

例えば、「リテラシー（Literacy）」は文字の読み書きに関するスキル全般を指していた。もちろん、文字そのものがひとつのメディア、テクノロジーであるが、一九九〇年代以降、「リテラシー」はメディア・リテラシー、あるいはコンピュータ・リテラシー、ネット・リテラシーなどに見られるように、メディアに囲まれた環境でメディアに接する、あるいは適応していくスキルとして捉える解釈が広まっていった。すなわち、私たちはテクノロジーを使い、自分たちの身体機能を拡張しているが、メディアが普及してくるとそれらをどのように使いこなすのか、またそれらを前提としてどのように接する、適応するのかに力点が置かれるようになった。

二〇一〇年以降、モバイルメディアの普及、およびGPSや音声認識機能の向上により、メディアを介してのコミュニケーションは人間以外とも行うようになった。すなわち、メディアでのコミュニケーションを通じて自分の望ましい環境にしていくという、「フィットする」ことへの志向が見られるようになった。二〇〇九年のNTTドコモによる「ｉコンシェル」サービスは日本でのそのはしりと言えるだろう。「ｉコンシェル」は携帯電話、スマートフォンにある情報をもとにスケジュールや

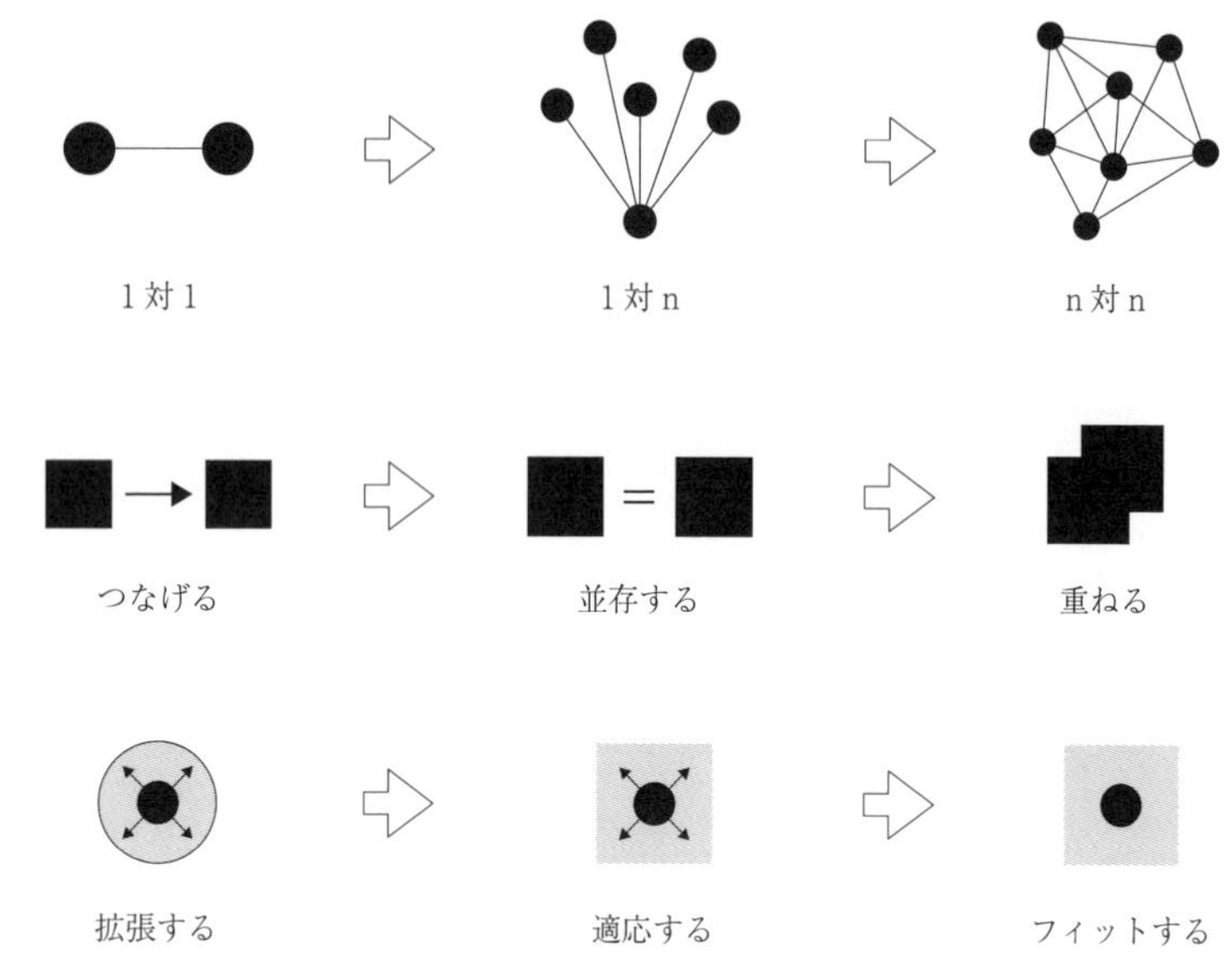

図表1・2　メディア・コミュニケーションの志向性の変遷

交通・気象情報などを知らせてくれるものであった。二〇一一年にはアップルのｉＰｈｏｎｅにＡＩを利用した音声認識アシスタント「Ｓｉｒｉ」が搭載された。同様に二〇一四年にはアマゾンから「アレクサ(Alexa)」が、二〇一六年にはグーグルから「グーグル・アシスタント」が登場し、これらの音声認識システムを搭載したホームスピーカーはインターネットにつながりながら、さまざまな情報を提供したり、電化製品をコントロールするようになった。ホームスピーカーに見られるような技術、サービスの展開は私たち自身の身体機能の拡張や適応というよりも、周囲の環境そのものに直接働きかけ、自分に合うように「フィットする」コミュニケーションの形態と言えるだろう。

二〇一七年に発表された「ＺＯＺＯＳＵ

IT」もテクノロジーを介してこうした「フィット」を志向するサービスである。送られてきた「ZOZOSUIT」を着てスマートフォンアプリを使って撮影すると自分の体型が計測され、そのデータにもとづいて自分の体型にぴったり合ったサイズの服を注文することができる。これまでもオーダーメイドの服はあったが、それを多くの人が利用できるようにし、「ZOZOSUIT」を着て自分の身体を3Dモデリングをし、ぴったりフィットする服を注文することができる。そして、これら一連のことを来店することなく、スマートフォンを使って完結することができる。こうした「フィットする」を意識したサービスはファッションに限らず、今後も増えていくと予想される。

以上で見てきたように、二〇一〇年代のメディア・コミュニケーションの特徴は「n対n」「重ねる」「フィットする」の三つにまとめることができる。そして、近年の私たちの働く場所や働き方をめぐるさまざまな変化やサービスの登場も発信者と受信者が多数いるというだけではなく、その中に「1対1」「1対n」のコミュニケーションの形態も含まれている「n対n」、オンラインとオフライン、バーチャルとリアルを「重ねる」、自分が適応するのではなくスマホなどを利用し自分に合う環境を構築し、「フィットする」という視点から整理することができる（図表1・2参照）。

1・3　オンラインとオフラインの境界の曖昧化

スマホ・ソーシャルメディア世代のオフライン体験

「n対n」「重ねる」「フィットする」を特徴とする現代のスマホ・ソーシャルメディア世代にとっ

て、オンラインとオフラインの境界は曖昧なものであり、むしろその両者が相互参照している世界が自然である時代に生きていると言えるだろう。こうしたオンラインとオフラインが相互に参照しあってできている世界はどういったものなのか。

ｉＰｈｏｎｅが発売された二〇〇七年は動画共有サイトのひとつであるニコニコ動画が急速に発展していった時期でもあった。ニコニコ動画の中で自分のダンスを投稿する「踊ってみた動画」が増加し始めたり、また同じ時期にボーカロイド「初音ミク」が発売されヒットし、さまざまな楽曲が投稿された。これらはユーザー自身がコンテンツをつくって発信していくことから「ユーザー生成コンテンツ（ＵＧＣ：User Generated Contents）」あるいは「消費者生成メディア（ＣＧＭ：Consumer Generated Media）」と呼ばれる。このように投稿された楽曲に他の人が振り付けをつけたり、映像をつけるなど創作がもとになってさらなる創作につながる「ｎ次創作」の文化ができあがっていった。[6]

二〇一〇年には初音ミクが主演のライブ・コンサートが開かれるなど盛り上がりを見せた。また一九九四年に東京・六本木に開業した大型ディスコ「ベルファーレ」の跡地を二〇一一年にニコニコ動画を運営するドワンゴが「ニコファーレ」として開業したのも象徴的である。二〇一二年には千葉の幕張メッセでニコニコ超会議が開催され、ネットとリアルを融合し、ニコニコ動画でコンテンツを地上に再現するというコンセプトのもと、会場には約九万人、ネットでは約三四七万人の入場者を記録した。[7]

このような「ユーザー生成コンテンツ」「消費者生成メディア」が普及した時期の音楽を見てみよう。若者たちの間ではアップル・ミュージック、スポティファイ（Spotify）などストリーミング・サービスやユーチューブなど動画サイトでの音楽視聴が増え、CDが売れなくなってきたと言われて久しい。日本レコード協会によると、二〇〇七年にCD生産量はシングルで六一三二万四〇〇〇枚、アルバムで一億九八六四万六〇〇〇枚であったのが、二〇一七年にはシングルが五〇四六万一〇〇〇枚、アルバムが一億一七九万一〇〇〇枚に減少している。しかし、ぴあ総研の『ライブ・エンタテインメント市場規模の調査結果二〇一六』によると二〇〇七年で一〇万六四九五回（音楽四万七一八四回、ステージ五万九三一一回）であったのが、二〇一六年には十三万二〇八一回（音楽六万三六六七回、ステージ六万八四一四回）、また動員数は二〇〇七年で四六四四万人（音楽二三七六万人、ステージ二二六八万人）であったのが、二〇一六年には六六三六万人（音楽四三〇五万人、ステージ二三三一万人）に増加している。また音楽フェスに関しても、二〇一五年に動員数約一三二万人であったのが、二〇一五年には二二二万人に増加している。

つまり、CDは減少しておりその背景にはインターネットによって、オンラインで音楽が聴けるようになったことがある。しかし、そのように音楽を聴いていたとしても、あるいは聴いているからこそ、ライブやフェスなどオフラインへはむしろ参加する人が増えているのである。

二〇世紀初頭にベンヤミン（Benjamin, W.）は『複製技術時代の芸術作品』において、例えばレコードなどの複製技術によってコンサートやライブのような「いま・ここ」という一回性のある現象としての「アウラ」が失われると指摘する（Benjamin 1936=1970）。しかし、留意しておきたいのは、複製技術の登場以前から私たちはコンサートやライブにアウラを感じていたわけではない。複製技術が登場したことによって、コンサートやライブ以外に音楽を聴くことができるようになったことで改めてコンサートやライブの性質としてアウラが浮き彫りになった、のである。つまり、アウラはコンサートやライブにおいて実体として内在していたわけではなく、メディア・テクノロジーによってそうでない聴取形態が可能になって初めて顕然することになったのである。

こうした視点から、近年、人気を博している2・5次元ミュージカルを考えてみよう。ぴあ総研は2・5次元公演の定義として「日本の漫画、アニメを原作とし、舞台コンテンツとして上演されたもの」としており、二〇〇三年から公演を続ける「テニスの王子様」をはじめ、「DEATH NOTE」「美少女戦士セーラームーン」「弱虫ペダル」「ハイキュー!!」など漫画をもとにしたさまざまな作品がミュージカル化されている。

二〇〇〇年から二〇一〇年にかけては作品数、動員数とも漸増であったが、二〇一一年から二〇一二年にかけて、作品数は三九から六九、動員数は四八万人から一一五万人に急増している。また二〇一四年には日本2・5次元ミュージカル協会が設立され、海外にも展開するなどさらに活況を呈している。アウラという切り口から2・5次元ミュージカルを見た時に興味深い点は、2・5次元ミュージカルはアウラが顕然するようなコンサートやライブであるのと同時に、そのもとになっているもの自体は、漫画やアニメといった一種の複製されたメディアであるという点である。そして、当然、漫画やアニメは作品であり、「リアルなもの」の複製ではないし、仮により「リアル」に迫ったものであったとしても、その複製とは言い難い。2・5次元ミュージカルが示す一見、アウラとも言える価値は、それが参照する「リアルではない」漫画やアニメの世界が、舞台で舞台装置や役者によって「リアル」に繰り広げられていることによる価値と言えるのである。

これらの事例からも明らかなように、インターネットが普及して以降、オンライン上で映像を見たり、音楽を聴いたりできるようになったことは、オフラインからオンラインへと移行したと思われがちであるが、必ずしもそうとは言えない。オンラインとオフラインは取って替わった、替わられたというゼロサムの関係ではなく、それぞれが相互に参照しつつ、とりわけ近年においてはオンラインを参照にしたオフラインでの新たな体験の仕方を生み出しているのである。

他にも、例えばアニメや漫画の舞台となった場所を訪れる「聖地巡礼」とそれに対応してその地域が舞台を整備したり、新たなお店、名物をつくるなどコンテンツ・ツーリズムにおける、いわゆる「n次創作観光」なども該当するだろう。さらに言えば、「ものづくり」もオンラインを参照にした新たなオフライン体験が見られる。

二〇〇二年にマサチューセッツ工科大学からスタートしたファブラボ（Fab Lab）が二〇一〇年に日本でも「ファブラボ・ジャパン」として設立され、また、アンダーソン（Anderson, C.）によって二〇一二年に出版された『メイカーズ（MAKERS）』をきっかけにメイカーズ・ムーブメントが広がった。これらの背景には3Dプリンターやレーザーカッターなどが安価になり比較的容易に手に入るようになったこと、また工場での既成品ではなく、自分たちの手でつくってみるというマインドがある。3Dプリンターやレーザーカッターはデータを入力することで材料を加工する。こうした3Dデータはモデリングに関する専門知識がなくとも比較的簡単に作成できるが、さらに言えば、データそのものをオンラインで容易に入手し、手を加えてオリジナルをつくったり、それを共有することも可能である。

これらの動きもオンライン情報がない時代における「ものづくり」とは一線を画した、新たな「ものづくり」体験と言うこともできるだろう。

踊る組織・コミュニティ

オンラインとオフラインの相互参照による新たな経験はコミュニティや組織のあり方とも関連してくる。その事例としてここでは「恋チュン動画」を取り上げたい。「恋チュン動画」とはAKB48が二〇一三年に発売した「恋するフォーチュンクッキー」に合わせて、企業や地域、団体の人たちがその振り付けを踊っている一連の動画群である。「恋するフォーチュンクッキー」自体も発売初日に一三三万枚のセールスを記録するヒット作であるが、二〇一三年一〇月三〇日にAKB48自身のミュージックビデオ公開に先立って、七月一九日にスタッフバージョンのミュージックビデオがユーチューブで公開され、話題を呼んだ(8)。このスタッフバージョンはAKBグループに関わるカメラマンや衣装、営業、また劇場の支配人や警備員などさまざまな関係者が登場し、振り付けに合わせてダンスをしているカットをつなげたものである。

これを受け、佐賀県や神奈川県など地方自治体、ミス・ミスターコンテストなど団体に加えて、サイバーエージェントやサマンサタバサ、ジャパネットたかた、日本交通など企業も同様にさまざまな支店や部署の人たちが「恋するフォーチュンクッキー」を踊っている動画を撮影、アップロードした。これらのいわゆる「恋チュン動画」が前述したニコニコ動画での「踊ってみた動画」と異なるのは、ひとつの曲で、さまざまな人が踊っている数秒のカットを複数つなぎ合わせた点であろう。

こうした動画の初期のものとしては、二〇〇五年、ユーチューブに投稿された一連の「マットはどこ？（Where the Hell is Matt?）」動画がある。この動画はマット（Matt）が世界各国でひとつの曲に合わせて踊っているもので二〇〇五年のバージョンが二〇一八年時点で再生回数約三五五万回、二〇〇六年のバージョンは一九七八万回、二〇〇八年のバージョンは五一四〇万回と、高い人気を博した。[9]この「マットはどこ？」動画の二〇〇八年バージョンからマットだけではなく、その地域の人たちと一緒に踊っている形式になっている。おそらく、これがユーチューブなどで見られるさまざまな人たちの踊りのカットをつなぎ合わせてつくるパターンの嚆矢と言えるだろう。その背景にはテレビ局など大掛かりな機材や専門家がいなくても手軽に映像を撮影し、編集できるようになったこと、またそれをアップロードし、共有することなどモバイルメディア、ソーシャルメディアが発展・普及したことがある。

これらの動画はオンラインとオフラインが相互参照する新たな経験をプロモーションの一環として活用した事例である。しかし、それと同時に、これだけ反響を呼び関連動画がつくられたのは、さまざまな地域や人々が動画の中でつながり、あたかもひとつの「コミュニティ」のように感じられるということも少なからず影響しているだろう。実際に、「恋チュン動画」においてもスタッフバージョンへのコメントからも分かるように、ＡＫＢというひとつのアイドルグループにさまざまなメンバーがいるというだけではなく、それ以外も多くのスタッフ含めた人々の支えによってグループが成立していることがメッセージとして受け取られている。そして、そこから派生した動画においても、さまざまなエリアから地域が、あるいはさまざまな部署や人々によって企業や組織が成立しているということが読み取れる。他にも近年ではアメリカなどを中心にさまざまな警察署が音楽に合わせてカットをつなげる「リップシンク・チャレンジ（Lip Sync Challenge）」あるいは「リップシンク・バトル（Lip Sync Battle）」と言われる形式の動画を公開し、多くの視聴を集めている。

アンダーソン（Anderson, B.）は『想像の共同体』の中で一八世紀のヨーロッパにおいて、出版資本主義の中で登場した小説と新聞が「均質で空虚な時間」、すなわちそれぞれが出会わない、そこに並存していないにもかかわらず同時に起こっているという認識を私たちに持たせるような想像の様式を提供したことで、国民あるいは国家という想像の共同体を生み出した、と指摘する（Anderson 1991［1993］=1997）。

「恋チュン動画」もそういった意味で、新聞などのメディアが担っていた想像の共同体を生み出すという機能の現代的な形式と言えるだろう。すなわち、オンラインとオフラインはそれぞれが切り離されるのではなく、両者がそれぞれ参照することで生み出される新たな経験であるのと同時に、地域や企業、組織における想像の共同体を生み出す、あるいは確認、強化するための新たな想像の様式を提供するのである。

さらに言えば、これらの動画は見るだけではなく「踊る」というところにも重要な要素があると考えられる。「恋チュン動画」以外にも二〇一一年にはドラマ「マルモのおきて」（フジテレビ）のエンディングで流れた「マルモリダンス」、同様に二〇一六年の「逃げるは恥だが役に立つ」（ＴＢＳ）の「恋ダンス」などダンスエンディング、また二〇一六年からスタートした大塚製薬のポカリスエットのＣＭに連動した「ポカリガチダンス選手権」など「踊ってみた」カルチャーは二〇〇〇年代後半のアニメやボーカロイドなどを中心としたニコニコ動画だけではなく、より広範囲に広がっていった。こうしたダンサーだけに限らず多くの人が「踊ってみる」という流れの背景には二〇一一年を皮切りに学校教育におけるダンスの必修化の影響もあるが、踊るだけではなく、ダンスを短めのカットとして撮影し、それを編集し、コンテンツとして共有するのはニコニコ動画だけではなく、ユーチューブ、ミックスチャンネル（Mix Channel）さらに近年ではティック・トック（Tik Tok）など動画による投稿を中心としたソーシャルメディアの普及も大きな要因として挙げられる。

このように、プロのダンサーではなく自分たちが当事者となり、身体を使って踊るということはある種の非日常、つまり「祝祭性」を帯びた活動と言える。こうした踊りや祝祭性は古来よりコミュニティの形成に大きな役割を果たしてきた。このように考えると、「恋チュン動画」が提示しているものは、小説や新聞といったマスメディアではなく、ダンスという身体性、非日常の祝祭性をモバイルメディアとソーシャルメディアを通して構築されたインターネット時代における「想像の共同体」と言えるだろう。

また、「恋チュン動画」は、それを作成した企業や組織の視点から見ると、現代のメディア社会における組織開発の新たなアプローチのひとつとも言える。かつては仕事後の飲みニケーション、社員旅行、社内運動会などによって企業の社員同士のコミュニティを形成、強化してきたが近年では予算縮小や働き方の多様化によってそうした機会は減少していった。「恋チュン動画」はひとつのコンテンツをつくるという参加プロセスとできたコンテンツを見ることを通じ、企業や組織をコミュニティとしての連帯を確認したり、維持したりするための新しいアプローチと言えるだろう。

以上で見てきたように、かつての文化やメディア、テクノロジーが次の世代のメディア、テクノロジーを利用することにより変容し、新たな意味を持つことは珍しいことではない。むしろ、メディアの発展はそうした変容の連続であると言える。例えば、ラジオはテレビやインターネットが登場して消えたわけではなく、リクエストやリスナーの声をツイッターやメールなどで集めることで新たな意味合いを持つメディアになっている。「声の文化（オラリティ）」とそれに続く「文字の文化（リテラシー）」について考察したオング（Ong, W. J.）は、電話やラジオ、テレビなどエレクトロニクス技術を文字の文化に依拠した新たな声の文化、すなわち「二次的な声の文化（Secondary Orality）」であると指摘する。この新たな声の文化は「そのなかに人々が参加して一体化するという神秘性をもち、共有的な感覚をはぐくみ、現在の瞬間を重んじ、さらには、きまり文句を用いさえするのである」（Ong 1982=1991: 279）と位置づけた。こうした性質はオングが挙げるエレクトロニクス技術はもちろん、ここで見てきた動画共有サイトでの「踊ってみた動画」や「恋チュン動画」などでもはっきりと見られるものである。

セカンド・オフライン

私たちはサッカーや野球などのスポーツ、災害現場や事件などを見るのは、多くがテレビなどの中継を通してである。スキャンネル（Scannell, P.）は私たちがテレビやラジオなどのメディアを通して見るときに、イベントや事件などが起きている場と、それをメディアを通して見ている・聞かれている場の二つが同時に生じていることを「場所の二重化（Doubling of Place）」と呼んだ（Scannell 1996）。

とりわけ二〇〇〇年代以降、こうした「場所の二重化」はマスメディアによるメディア・イベントの報道だけではなく、電話やスマートフォンなどモバイルメディア、インターネットなどで瞬時につながることによって、「場所の瞬間的複製（Instantaneous pluralisation of place）」が日常的な生活のなかで起こっているのである（Moores, 2012）。

前述したように、現代においてはメディアはそれまで離れていた情報を「重ねる」ことも可能にした。二〇一〇年代においてAR（Augmented Reality：拡張現実）技術やVR（Virtual Reality：仮想現実）技術の発展は著しい。ARやVRはゲームなどエンターテイメント領域だけではなく、医療や教育など幅広い領域に広がっている。近年ではARやVRなども含めたリアルとバーチャルを複合させたものの総称として「複合現実（Mixed Reality）」（Milgram and Kishino 1994）、情報を重ねる・上書きすることで実在が視覚的に消えた状態を指す「減退現実（DR：Diminished Reality）」も含めた「メディア化現実（Mediated Reality）」（Mann 1994）、あるいはよりモバイルメディアの利用に焦点を当てた「ハイブリッド空間（Hybrid Spaces）」「ハイブリッド現実（Hybrid Reality）」（de Souza e Silva 2006）などの概念が広がっている。こうした技術とモバイルメディア、ソーシャルメディアとが組み合わさる中で、コミュニケーションよりも場所、地域の経験の変容に目を向ける研究も増えていった（Hjorth 2007, 2011; Hjorth and Goggin 2009; de Souza e Silva 2006; de Souza e Silva and Sutko 2009など）。例えば、ゴギン（Goggin, G）はスマートフォンの位置情報と実際の場所が結びつきによる新たな場所の生成（place making）の次元を「エンコードする場所（Encoding Place）」と呼び、デ・ソウザ・イ・シルバ（de Souza e Silva, A.）らはモバイルメディアによって生み出された地域に対する新たな感覚を

「ネット地域性（Net Locality）」と呼びそれぞれ分析している（de Souza e Silva and Gordan 2011）。

先に挙げた二〇〇〇年代初頭のケータイを中心としたモバイルメディアの登場と普及によって引き起こされたコミュニケーションの変容に関する一連の研究を「第一世代モバイル研究」とするなら、こうした二〇一〇年前後に登場してきたスマホを中心としたモバイルメディアと場所、地域との関連に着目する一連の研究は「第二世代モバイル研究」と位置づけられるだろう。

モバイルメディアと場所、地域に関して、丸田一はウェブ空間のコミュニケーションを含めた複製技術が「いま・ここ性」を弱めたということについては不正確である、と指摘する（丸田 2008）。なぜなら、「いま性」と「ここ性」とは異質なものであるからである。丸田はウェブ空間の本質は擬似的な「いま性」にあるとして、ニコニコ動画に対する濱野智史の分析を参照し、議論を展開する。時間の制約に対する操作可能性にもとづいて、ニコニコ動画はひとつの動画という場所にユーザーがコメントが「弾幕」として画面に流れる。それを見ると自分もコメントをしたユーザーと一緒にその動画を見ている感覚を覚える。こうした感覚を濱野は「擬似同期」と呼び、ツイッターなどの「選択同期」、電話やチャット、またセカンドライフなどの「真性同期」と区別している（濱野 2008）。こうした分析を受けつつ、丸田はニコニコ動画に見られるようなウェブ空間を「同位」の技術、電話や遠隔会議システムのようなネットワークを「同期」の技術と位置づけた。そして擬似的な「いま性」をつくり出しているのは異なる時期の作動を空間的につなぎあわせ、時間の「隔たり」を消滅させる複製技術であり、一方で擬似的な「ここ性」を生み出しているのは空間の「距たり」を消滅させる通信技術、すなわちネットワークによるリアルタイム接続であると指摘する（丸田 2008）。

	技術が生み出している本質	結果として生じる感覚	例
複製技術：ウェブ空間	同じ場所にいる感覚：Coordination（同位）	擬似的な「いま性」：疑似同期	ニコニコ動画
通信技術：ネットワーク	同じ時間を過ごす感覚：Synchronism（同期）	擬似的な「ここ性」：疑似同位？	電話や遠隔会議システムなど

図表1・3　複製技術・通信技術とそれらが生み出す本質・感覚
＊丸田（2008）を参考に筆者作成。

つまり、同じ場所にいるような感覚（同位：coordination）を生み出す複製技術は「いま」一緒にいる感覚を生み出し、同じ時間を過ごしている感覚（Synchroism）を生み出す通信技術は「ここ」に一緒にいる感覚を生み出しているのである（**図表1・3参照**）。

二〇一〇年代以降のスマートフォン、ソーシャルメディアの普及は複製技術と通信技術との複合を可能にした。そこでは、①ウェブ空間、②ネットワーク、③ウェブ空間とネットワーク、と実際の「いま・ここ」というリアルの感覚との組み合わせが生じることになる。富田英典は第二世代モバイル研究を踏まえつつ、こうした感覚によって生じるオフラインを「セカンド・オフライン」と位置づける（富田 2016）。富田の言う「セカンド・オフライン」とは「リアルな空間にバーチャルな情報が重畳されている状態、人々が日常生活において常にネット上の情報を参照しているような状況、オンライン情報を常時参照しているオフライン」（富田 2016：2）を指す。例えば、二〇一六年に発売され、世界各国での人気から社会現象にもなった「ポケモンGO」はスマートフォンの位置情報をもとに、ゲームのスポットというオンラインと実際の街の中でのスポットというオフラインの場所を重ね合わたセカンド・オフラインの世界観をまさしく可視化したものと言えるだろう。

セカンド・オフラインは先に述べたように、ケータイからスマートフォンへの移行が背景にある。[10]ケータイが登場した一九九〇年代半ばから二〇〇〇年代にかけて、電車の中やレストランなどでケータイを使うことや、そうした利用をする若者たちへの批判が高まった（正高2003など）。一方で、ケータイは親しい人とのつながるための「テレ・コクーン」（羽渕2006）をつくりだしたり、自分のための場をつくりだす「居場所機械（テリトリー・マシン）」（藤本2006）でもある。ケータイでのコミュニケーションやそれを使用する若者への批判は、そういった非常にパーソナルでプライベートなメディアであるケータイとそれに伴う領域が電車やレストランといったパブリックな場に登場したことへの違和感の表明でもあった。

「いつでも・どこでも」つながっているケータイはこのようにパブリックとプライベートが「並置する」ような環境を可能にしつつ、私たちの日常に根付いていったのである。一方、スマートフォンはこうしたケータイの要素も含みつつ、オンラインとオフライン、あるいはパブリックとプライベートを「重ねる」ことで、これまでにない「いま・ここ」の経験や感覚を生み出した。

前述したように、ポケモンGOはこうしたセカンド・オフライン的な状況をスマートフォンの画面上で可視化したが、もちろん不可視なセカンド・オフライン的な感覚や経験もある。例えば、日本において二〇一〇年代に入りハロウィンでの仮装は見慣れたものになった。ハロウィンの期間中、渋谷のスクランブル交差点には多くのコスプレをした人たちが集まってくる。その多くがセルフィーをしたり、他の人に撮ってもらったりして、その写真や動画を即座にソーシャルメディアで共有している。ハロウィンで写真や動画を撮り、ソーシャルメディアで共有するという一連の行為は「記録に残し」、いいいねを集めて「承認されている」感覚を得るだけではなく、その瞬間をオンラインで共有することで、オンラインとオフラインが重なった「いま・ここ」の経験を発生させているのである。

こうした不可視のセカンド・オフラインは、モノや場所そのもの（あるいは、メディアによるそれらの記録）への愛着を感じ、過去を懐かしむ「ノスタルジア（Nostalgia）」ではなく、モバイルメディア、ソーシャルメディアにより瞬時に記録されうる「いま・ここ」の経験への愛着を共有し、周りに承認してもらいたいと感覚、すなわち「ナウスタルジア（"Now" stalgia）」とでも言うべきものである。ハロウィンに限らず、ナイトプールやカラーラン、リムジンパーティーなどいわゆる「映える」イベント、あるいはネガティブな側面で言えば、アルバイト先での問題行動を動画撮影し、ツイッターやインスタグラムにアップロードし、炎上してしまう「バイトテロ」などもこうした「ナウスタルジア」の現れと言えるだろう。

ここまで見てきたように、スマートフォンはオンラインとオフラインの境界を曖昧にするが、それはケータイが可能にしたようにモザイク状に「並存させる」ことではない。それはオフラインでの関係性や経験を、それと関係したオンラインでの経験とを合わせることで新たな経験を生み出すという意味で「重ねる」であり、「二重化（doubling）」なのである。

しかしながら類似しているように見える「場所の二重化」と「セカンド・オフライン」の二つの概念の相違点にも留意しなければならないだろう。テレビやラジオなどマスメディアは場所を瞬時に「つなげる」ことで「場所の二重化（Doubling of Place）」を可能にし、私たちが同時に二つの場所に存在する感覚や経験を生み出した。またケータイはパブリックとプライベートが「いまいる場所」にモザイク状に並存する状況を可能にした。

一方で、スマートフォンが可能にしたセカンド・オフラインは、私たちが「いまいる場所」でオンラインとオフラインを瞬時に「重ねる」ことで生み出された新たな感覚や経験と言えるのである。モバイルメディア、ソーシャルメディアの発展と普及は「いつでも・どこでも」を志向していたが、それが極限まで広がったことでもたらした結果は、「いつでも・どこでも」つながったことを前提にした新しい形としての「いま・ここ」の経験、すなわち「ナウスタルジア」なのである。

それでは、そうした状態における空間、場所をどのように捉え直すことができるだろうか。次章ではそうした空間、場所を巡る実践や概念について検討していく。

（1）メディアと言った場合、テレビや新聞、スマートフォン、PCなど機器そのものとユーチューブやライン、ツイッター、ネットフリックス、キンドルなどプラットフォーム、またコンテンツそのものが入り混じって使われるが、ここでは一旦その議論はせずに話を進めたい。

（2）二〇〇〇年にはＰＨＳ、携帯電話の契約数が固定電話を上回った。

（3）Pew Research Center, 2018, "Teens, Social Media & Technology 2018", (Retrieved September 10, 2018, http://www.pewinternet.org/2018/05/31/teens-social-media-technology-2018/). また同じくPew Research Centerによる二〇一五年の調査ではフェイスブックが七一％、インスタグラムが五二％、スナップチャットが四一％、ツイッターが三三％、グーグル・プラス（Google+）が三三％であったことから考えると、三年でソーシャルメディアのプラットフォームが大きく変わったことが示されている。

（4）「ルイーダの酒場」はドラゴンクエストに登場する酒場の名前である。また、すれちがい通信中継所は二〇一八年三月で稼働終了している。

（5）バーチャル（Virtual）の概念は「仮想」と訳されたり、また虚構のように現実でないものを意味するとされることが多いが、実際は日本バーチャルリアリティ学会が辞書的な原義としてThe American Heritage Dictionaryに依拠し、「みかけや形は原物そのものではないが、本質的あるいは効果としては現実であり原物であること」と指摘するように見かけや形などによらず本質的な部分を備えているものである。

（6）初音ミクの発売元のクリプトンは二〇〇九年に非営利・無償であれば二次創作物の公開や頒布を認める「ピアプロ・キャラクター・ライセンス」（ＰＣＬ）を制定したことで初音ミクなど同社が販売するボーカロイドキャラクターを使用した二次創作がさらに盛んになった。

（7）二〇一二年の入場者は株式会社ドワンゴ二〇一二年四月三〇日プレスリリース〈http://dwango.co.jp/pdf/news/service/2012/120430.pdf〉で確認。また二〇一八年の来場者は会場に一六万一二七七人、ネットでは六一二万一一七〇人となっている。（株式会社ドワンゴ、二〇一八年四月二九日プレスリリース（二〇一八年九月一五日取得、http://dwango.co.jp/pi/ns/2018/0429/index.html））

（8）二〇一八年九月時点で一〇〇〇万回を超す再生回数を記録している。

（9）「マットはどこ?」動画は二〇〇五年、二〇〇六年、二〇〇八年、二〇一二年、二〇一六年と制作されている。二〇〇六年、二〇一二年には通常バージョンとは別にＯｕｔｔａｋｅｓ、二〇一〇年には南アフリカバージョンなどいくつかのバージョンも存在する。また二〇〇九年には日本でもＶＩＳＡのＣＭとして使用された。

（10）若者世代を中心とした携帯電話利用において、電話機能は一部であり、メールやウェブページ閲覧、時計など他の機能も含めた一部であるという意味から携帯「電話」ではなく「ケータイ」を用いる。

第二章　ソーシャルメディア時代の場所論

フェイスブックは二〇一七年、それまでの「世界をよりオープンで繋がったものにする」というミッションを「コミュニティづくりを応援し、人と人とがより身近になる世界を実現する」に変更した。ソーシャルメディアはつなげるだけではなく、それからどうするのか、という問いに対して少なくともフェイスブックは「コミュニティ」という答えを掲げている。フェイスブックCEOのザッカーバーグ（Zuckerberg. M.）はコミュニティについて、自身のフェイスブックページの投稿で「コミュニティは自分自身よりも何かの一部である方がより良いということを、また私たちは一人ではないということ、そして私たちがそれに取り組んでより良くしていく何かを持っている感覚を与えてくれる[1]」と強調する。

そもそもコミュニティ（Community）の語源は、ラテン語で「共有の」「共同の」などを意味するコムニス（Communis）からきている。またそこから派生した言葉として、コミュケーション（Communication）もある。オフィスでのホワイトカラーの仕事は、報告書や企画書など書類の作成、会議、部署間や顧客とのやり取りなどコミュニケーションが多くの部分を占める。さらに、コミュニケーションは言葉の意味としてこのような情報の伝達だけではなく、交通機関など通勤も含んでいる。すなわち、極論すれば、現代における仕事はすなわち、コミュニケーションなのである。

序章、第一章ではモバイルメディア時代における仕事やワークスタイルの変容について見てきたが、そこではワークスタイルが変容していく中で「ワークプレイス（働く場所）」への注目が高まっていることを確認した。それと同時に、仕事と場を巡るこれまでの前提はインターネットによって急速に変容しつつある。ここでは「場」を巡る近年の動きや考え方を抑えつつ、変容の底流にあるものを確認していきたい。

2・1 「場」を巡る動き

グラウンドレベル

近年、コインランドリーが増えている。厚生労働省『コインオペレーションクリーニング営業施設の衛生実態調査』によると、一九九六年に一万二二八軒であったのが、年々増加し、二〇一三年には一万六六九三軒となっている。例えば、公衆浴場は二〇〇二年に六二〇軒であったのが、二〇一二年には二五二軒と減少したのと比較すると対照的である。[2] コインランドリーはかつては家に洗濯機がない単身世帯がメインの利用者であった。

コインランドリー増加の背景はタワーマンションでベランダに干せない、夜間に洗濯ができないなど住宅事情、花粉やＰＭ二・〇などアレルギー対策などもあるが、共働き世帯が増え、女性が家事の負担を減らしたいというニーズも大きい。コインランドリーで洗濯をしている間、どのように待ち時間を過ごすかに対して、かつて雑誌が置いてあるだけだったのが近年ではＷｉ－Ｆｉがあったり、宅配ロッカーを設置したり、カフェが併設されていたりなどさまざまな工夫がなされている。

これまでとは少し趣が異なるコインランドリーの増加は日本だけではない。例えば、「スピン・ランドリー・ラウンジ（Spin Londry Lounge）」は二〇一四年にアメリカのポートランドで開店したコインランドリーである。環境とサステナビリティを重視し、エネルギー効率の良い機械を使い、またエコフレンドリーな洗剤も販売している。そして、同じ建物では地元のオーガニックな食べ物やコーヒー、ビール、ワインなども提供する。またベルリンには「フレディー・レック・ランドリー・サロン（Freddy Leck Loundry Salon）」がある。演劇も学んでいたという創設者のフレディーはコインランドリーを単に洗濯する場所ではなく「サロン」として地元のコミュニティとしても機能するようにしたいと考え、カフェを併設したり、さまざまなアート、グッズで飾られた空間にデザインされた「フレディー・レック・ランドリー・サロン」を立ち上げた。二〇一七年には東京にも「フレディー・レック・ランドリー・サロン・東京」がオープンしている。

ここで挙げたようなコインランドリーは「洗濯するという場」というだけでなく、「環境やサステナビリティを意識した場」「コミュニティの場」でもあるように変容している。コインランドリーが大型の洗濯機や乾燥機など機器の関係などから「一階（グラウンドレベル）」にあるというのはとりわけ「コミュニティの場」という面において大きな意味を持っている。田中元子は自身が建築家として活動するのと並行して、無料のコーヒー屋台を街に出すといった一種の社会実験を展開していく中で、

「マイ・パブリック（My Public）」というコンセプトを持つようになる（田中 2017）。ここで言う「マイ・パブリック」とは、①第三者との接触可能性がある「共有性」、②第三者にとって「自分の居場所」である「実践性」、③第三者どうしが互いの存在を許容し合える「関係性」がある状態であること、と説明する。そして、こうしたマイ・パブリックが存在しうるのは、「パブリックとプライベートの交差点」である地上、すなわちグラウンドレベルであると指摘する。

田中が代表を務める株式会社グラウンドレベルは二〇一八年一月、東京の築五〇年以上のビルの一階に「喫茶ランドリー」をオープンさせた。そこは文字通り喫茶とランドリーを機能として持っているが、それ以上にそこにやって来た人に自由に使ってもらう場所になることを目的としている。そういった意味では、喫茶もランドリーも「主な目的」ではない。利用する人たち同士、あるいは運営を含んでのコミュニケーションが生まれることで、近所の主婦たちによるミシンウィークが開催されたり、近くの会社の勉強会の場として使われたりなどコミュニティの場として成立している。株式会社グラウンドレベルの大西正紀は喫茶ランドリーについて以下のように語っている。

人は消費者ではないということです。いや、消費者であったとしても、それ以前に〝超絶愛すべきひとりの人間〟だという視点が大事なのです。（中略）私たちは、この「喫茶ランドリー」的状況は、まちや公園、公共施設や公共空間、商業施設など縮図として捉えています。つまり、〝小さなやりたいを思い起こさせる、小さなやりたいを実現させる〟ことが、グランドレベルにあるすべての場所、すべての施設に必要なものだと考えているからです。[3]

このように、人を「消費者」としてビジネスやマーケティングの対象ではなく、人間として捉えることはグラウンドレベルをデザインしていく上で重視されていることが示されている。建築や街づくりをハード面から設計するのではなく、「人間中心の視点（human oriented perspective）」に立ち、ひとつの経験の場としてデザインしていく手法を主張した建築家・都市空間コンサルタントとしてゲール（Gehl, J.）がいる。

人間中心の街

一九六〇年代はアメリカを中心に自動車の普及によって、人々は郊外に住み、買い物はショッピングセンターで、そして平日は電車や自動車で都心部に通勤する、といったライフスタイルが増えてきた。同時に都心部において、歩行者よりも自動車が重視されるようになり、治安が悪くなるなど問題が生じていた。そうした中で、ニューヨークで都市を市民に取り戻すために公共を考え直し、多様性を確保することを主張していたジェイコブス（Jacobs, J.）や、都市におけるオープンスペースの重要性を指摘したホワイト（White, W. H.）などを源流として人間を都市計画や街の中心にして考える「プレイスメイキング（Place Making）」のコンセプトが広がった。

一九七五年に設立された「パブリックスペースのためのプロジェクト（PPS：Project for Public Space）」はプレイスメイキングについて次のように説明している。

プレイスメイキングは近所や都市、地域を改善するための包括的なアイデアであり、実践的なアプローチです。それによって、パブリックスペースがあらゆるコミュニティの中心となるように人々は一緒になって考え、つくっていくことができます。またプレイスメイキングは、人々と彼ら彼女らがシェアする場とのつながりを強化することで、私たちが共同の価値を最大化するような公的領域を形づくるためのコラボレーションのプロセスを示してくれます。プレイスメイキングは、より良い都市デザインを促進するのにとどまらず、その場所を特徴づけ、継続的な発展をサポートするような物的・文化的・社会的なアイデンティティに特別な注意を払うことで、場のクリエイティブな使い方を促進するのです。(4)

ヨーロッパでは都市でも田舎でもない田園都市構想を主張したハワード（Howard, E.）の『明日の田園都市』（一八九八）や「建築は住むための機械である」と主張したル・コルビジェ（Le Corbusier）の『建築を目指して』（一九二三）などに見られるような合理的・機能的な建築・都市計画が進められた。その背景には、アメリカと同様に、一九六〇年代に進められた自動車の普及とそのための街づくりがある。

こうした文脈において、自動車は当時の合理主義・機能主義の象徴であった。自動車が溢れ、渋滞の規模も大きくなったことで通勤は大きな苦痛を伴うものになっていった。また排気ガスなど環境への影響も問題視されるようになった。こうした流れへの反省から、一九六〇年代からゲールは「人間の次元」すなわち「人間の身体や感覚に即した空間尺度」を重視した「人間中心の街づくり」を展開していった[5]。有名なストロイエ（デンマーク・コペンハーゲンにある大通り）の調査に代表されるように、ゲールは街の公共空間における人々の歩き方やどこに座ってるのかなど、人々の行動を細かく観察し、人間の快適な密度、高さに合わせた都市・建築デザインを重視した。どのような条件下でも起こる買い物や仕事のような「必要活動」ではなく、例えば気持ちの良い日差しなど好条件下で起こる散策やウインドウショッピングのような「任意活動」をどのように街の中で起こしていくのか、が重要であると指摘している（Gehl 1987=1990）。

自転車や歩行者中心の街におけるパブリック・スペースで人々のアクティビティが活発になっていくことについて、「そこでは間接的交流や他の場所での他の人々の体験を伝える映像が、公共空間のアクティビティと競合していない。むしろ人々の参加をうながし、積極的役割を果たす刺激になっている。直接その場に立ち会う機会、生身の出会い、そして驚きに満ちた予測不可能な体験は、出会いの場所としての都市空間でなくては得られない特質である」としている（Gehl 2010=2014: 35-6）。

ゲールに見られるような人間中心の建築あるいは行政も含めた都市計画など「大きな街づくり」がある一方で、そこに住まう人々が自分たちが住まう街、地域に対して自ら関わり、実践をしていく「小さな街づくり」もありうるだろう。こうした「小さな街づくり」を示す概念として「タクティカル・アーバニズム（Tactical Urbanism）」がある。

タクティカル・アーバニズム

タクティカル・アーバニズムとはその言葉通り「戦術的（タクティカル）な街づくり」という意味

である。ではここで言う「戦術的」とはどういったことを指すのか。まず「戦術」の対照として「戦略」を考えてみよう。「戦略」とは前述したように、行政が主導して行うハードを中心とした街づくりを指す。すなわち、タクティカル・アーバニズムは行政や企業主導の都市計画・大規模開発など「戦略的な街づくり」に対するオルタナティブを指す言葉として誕生した。

言い換えれば、トップダウンではなくボトムアップの街づくりとも言える。これまでの行政主導の街づくりは入念なビジョンの作成、都市計画をもとに大規模であり、長期間に渡るトップダウンのもの、いわば「XLサイズ」のものであった。それに対してタクティカル・アーバニズムは「XSサイズ」の、すなわち、短期間、低コスト、小規模で「ご近所」形成のための市民主導のアプローチであり、例えば一週間単位などで小規模に実践することによって、その街や地域にフィットしたビジョンやデザインを探っていくという手法である。タクティカル・アーバニズムの考え方や事例を紹介する一連の書籍のひとつ『タクティカル・アーバニズム2』はブラジルの建築家レーン（Lerne, J.）の次のような言葉から始まる（Street Plans Collaborative 2012b）。

リソースの欠如はもはや行動をしない言い訳にならない。行動はすべての回答が出揃った後になされるべきであるとか、リソースはすでにある、という考えはまさに「麻痺」につながる。都市の計画というものは、修正を許すプロセスであり、考えうるすべての変数がコントロールされた後でしか計画できないという考えは非常に傲慢とも言える。

こうしたタクティカル・アーバニズムはこれまでも「ゲリラ・アーバニズム」「ポップアップ・アーバニズム」「シティ・リペア」「D・I・Y・アーバニズム」「アーバン・プロトタイピング」とも言われてきたが、その特徴は以下のようにまとめられている。

①変化を煽るような意図的かつ段階的なアプローチ
②地域の課題に対する地域の解決策の提供
③短期的なコミットメントと現実的な期待
④高い見返りがありうる低リスク
⑤市民のソーシャル・キャピタル（社会関係資本）の発展と、官民組織、非営利団体／NGOおよびその構成員による組織的な能力の構築[6]

このような特徴はタクティカル・アーバニズムに限らず二〇世紀半ばからの都市計画におけるさまざまなアーバニズム運動に多かれ少なかれ見られるが、とりわけ二〇一〇年代以降、タクティカル・アーバニズムとして概念が整理されていった背景として、①大不況、②人口動態の変容、③シビックエコノミーを形成するツールとしてのインターネット、の三つが挙げられている。

二〇〇八年のリーマン・ショックによって不況に見舞われたアメリカでは、市民や行政、ディベロッパーそれぞれが自分たち自身で、資金獲得や小規模でも実行することが増えていった。またその時期はちょうど若者たち、とりわけ高度な教育を受けた若者たちが（かつては寂れていたが近年開発が進む）職場や生活を歩ける範囲で済ませられる都市部へと住環境を移動しつつある時とも重なっていた。このコーホートには、自分たちが選んだ地域を再生することに興味を持っている退職者も含まれており、またベビーブーマーの退職に伴って、行政のリーダー的なポジションにもついている若者たちもいた。さらに二〇〇〇年代後半はソーシャルメディアを中心として、インターネットにおけるシェアの文化が広がり、洗練されていったことにより、住民への呼びかけや住民の参加が容易になり、タクティカル・アーバニズムの実践例やノウハウも広がりやすくなっていたこともある。こうした市民による地域再生と起業家精神とが結びついた動きは「シビック・エコノミー」とも呼ばれ広がっていった。

タクティカル・アーバニズムの具体的な事例としては、普段自動車が通る道路を歩行者、自転車道にする「オープン・ストリート」、仮設のカフェやお店をつくる「ポップアップ・カフェ／店舗」、街の一部をガーデニングする「ゲリラ・ガーデニング」、道路に椅子を置いていく「イス爆弾（Chair Bombing）」、道路を一時的に広場や公園へとつくり変える「舗装の広場／公園化（Pavement to Plazas／Parks）」「パークレット」などがあり、アメリカやヨーロッパを中心にしながら、南米などの都市でもさまざまな実践が重ねられている。

日本でもタクティカル・アーバニズムは徐々に広がりつつある。例えば、二〇一六年から始まった「シブヤ・ハック・プロジェクト（Shibuya Hack Project）」では、再開発が進む渋谷において「クリエイターや地域住民と共に、渋谷に眠るリソースを発掘し、価値を読み替え、クリエイティブに『ハック』していくことで、渋谷の日常を更新していきます」というコンセプトを掲げさまざまなプロジェクトに取り組んでいる。[7] 道玄坂が歩行者天国になっている期間中に、クリエイターたちが渋谷のフィールドワークをもとに製作した椅子を置く「STREET FURNITURE HACK!!」やShibuya109の前にある花壇を自分たちで活用する「渋谷道玄坂花壇」などを展開している。

ここまで見てきたようなグラウンドレベルやタクティカル・アーバニズムでつくりだそうとしている、あるいは取り戻そうとしているパブリック・スペースは、家でも職場でもない第三の場所、すなわち「サードプレイス」とも言える。

サードプレイス

アメリカの都市社会学者オルデンバーグ（Ordenberg, R.）は私たちの生活において「サードプレイス（第三の場所）」が失われている現状を指摘した。私たちが充実した日常生活を送るためには、家庭（第一の場所）でも職場（第二の場所）でもない、街の居酒屋やカフェといった第三の場所（サードプレイス）がコミュニティの形成に重要な役割を果たすという主張である。この背景には前述したように、アメリカにおける過度な自動車依存とそれによって人々が郊外にある家庭と職場の往復しかしなくなったという要因が挙げられる。ただし、家庭（第一空間）、職場（第二空間）ではない第三空間を都市の特徴と捉えた磯村英一に見られるように、サードプレイスへはアメリカ以外においても見られるものである（磯村 1968）。

オルデンバーグによると、サードプレイスは「家庭と仕事の領域を超えた個々人の、定期的で自発的でインフォーマルな、お楽しみの集いのための場を提供する、さまざまな公共の場所の総称」であり、「インフォーマルな公共生活の中核的環境」と位置づけられる（Ordenberg 1989=2013）。

ここで興味深いのは、「インフォーマル（非公式）」であり、「パブリック（公共）」でもあるという、一見すると相反する性質が同時に存在することであろう。「インフォーマル」であり「プライベート（私的）」な空間である家庭でも、「フォーマル（公式）」であり「パブリック」な空間である職場でもなく、インフォーマルでパブリックな空間であるサードプレイスは何より地域におけるコミュニティの形成上、重要になってくるというのがオルデンバーグの指摘である。また「小さな町（ここではリヴァー・パーク）では、サードプレイスはバーやカフェといった特定の場所に限定されているわけではなく、大都市では許されないような路上や商業施設にまで拡散している」（Ordenberg 1989=2013: 189）と述べているように、サードプレイスはカフェやパブに限らず、路上などパブリックスペースも想定されている。

オルデンバーグがサードプレイスの重要性を指摘したのは一九八九年だが、これはゲールが人間中心の街を展開していた時期と重なる。そして、この時期はスターバックスがイタリアのカフェを参考にサードプレイスというコンセプトを掲げて展開していく時期でもある。その後の二〇〇〇年代のカフェ文化が居場所や地域との交流、コミュニティなどを軸に展開していくこともこうしたサードプレイスの再構築していく流れのひとつとして捉えることができる。

ここまで場を巡る近年の動きについて、グラウンドレベル、人間中心の街、タクティカル・アーバニズム、サードプレイスなどを取り上げつつ確認してきた。グラウンドレベル、人間中心の街、タクティカル・アーバニズムは人間が阻害された都市空間、それによるコミュニティの弱体化を課題とし、

「インフォーマル」でありながら「パブリック」でもあるサードプレイスをつくりだしていこうとする実践であった。そして、これらのコンセプトは建物や空間だけをしつらえるのでは不十分であり、私たちが自ら、等身大の視点で活動の場あるいはコミュニティの場としてデザインしていくことを重視する点も共通している。

ソーシャルメディアを含むインターネットが普及することで私たちはコミュニケーションを取り、つながることはますます容易になっている一方で、それだけで満足はしていない。むしろそうした状況が進めば進むほど、つながるだけではなくコミュニティを、オンラインではなくオフラインのリアルな場をつくろうとする活動が活発になっている。モバイルメディア、ソーシャルメディアはむしろそうした動きを支援するような利用がなされているのである。

2・2　「空間（Space）」と「場所（Place）」

地理学における「空間（Space）」と「場所（Place）」――トゥアンとレルフ

以上で見てきたような運動においてしばしば用いられる表現として「空間（Space）を場所（Place）にしていく」というものがある。ここでは、一見すると同じ意味である「空間」と「場所」とがそれぞれどのように捉えられてきたのかを確認しておきたい。

「空間」と「場所」とを対比させて捉える視点は一九七〇年代の人文主義地理学まで遡ることができる。ここではその中心人物とも言えるトゥアン（Tuan, Y. F.）とレルフ（Relph, E.）を参照しつつて見ていきたい。

「空間」と「場所」の概念がどのように対比されるのか、異なるものとして捉えられるのか、について見ていきたい。

トゥアンは『空間の経験』において、空間（Space）と場所（Place）を異なるものとして「場所すなわち安全性であり、空間すなわち自由性である。つまり、われわれは場所に対して愛着をもち、空間には憧れを抱いているのである」（Tuan 1977=1993: 11）というように区別する。「空間」は開放的であり、広がり、隔たりといったイメージと一緒に喚起され、そういった意味で、抽象的、均質的なものと言えるだろう。また「場所」は家や部屋のようなイメージで、閉じている、仕切っているもの、それゆえに安心できる。空間は自由の象徴、未来の暗示であるがネガティヴに見るとそれは脅威であり、一方、場所は確立した諸価値の安定した中心であるものの、人間の生活は空間と場所の両者を弁証法的な動きとしている（Tuan 1977=1993: 100–1）。

こうしたトゥアンの考えに従うと、私たちは空間で経験を重ね、時間を過ごすことによってその空間は意味を持ち、場所になる、と言えるだろう。そういった意味で、「場所」は地域、街、家などさまざまなスケールで存在する。例えば、新しい街や家に住むことになったとき、最初はよそよそしいと思っていたが、しばらく暮らして、慣れていくうちに自分が受け入れられている、自分のもの、という感覚になっていき、段々と愛着を持つようになる経験は私たちにもあるだろう。こうした人と場所あるいは環境との情緒的な結びつきによって生じる愛着をトゥアンは「トポフィリア（Topophilia）」（バシュラール（Bachelard, G.）の言う「トポフィリ」）と表現した（Tuan 1974=1992）。日常的な経験を蓄積し、愛着を増していくことで空間が場所になっていくのはひとつのインフォーマルな学習プロセスとも言える。また、こうした日常的な行為に加えて、それを喚起するプロセスにはモノも重要になる。

> 自分の家は、親密な場所である。われわれは、その建物を自分の家であり場所であると考えるが、しかし過去に魅せられたイメージは、視覚によって見ることができるだけの存在である建物全体から喚起されるよりも、むしろ屋根裏部屋と地下室、暖炉と出窓、人目につかない部屋の隅、腰掛け、華美な鏡、割れた卵の殻といった手に触れることができにおいを嗅ぐこともできる建物の構成要素や家具調度品によって喚起されるのである。（Tuan 1977=1993：256）

ここでモノとして挙げられているのは腰掛けや鏡などであるが、現代においてはアルバムやビデオなども繰り返し用いられる日常的なモノとして挙げられるだろう（Tuan 2004）。

一方、レルフは「多様性と意味によって特徴付けられた場所の地理と、似たような景色がどこまでも続く迷路のような没場所的な地理がある」（Relph 1976=1999：293）とし、「没場所性（Placelessness）」を指摘した。そして、「場所のセンス」の本質として「それは『ルーツ』のある『ホーム』は安全と安心の中心、配慮と関わりの場であり、方向づけの原点でもある。このような内側性は、個人的なものであるが、また相互主観的でもあり、多くの人々が共感できるような個人的経験である」としている（Relph 1976=1999：295）。

レルフは「人々が彼らの場所であり、また場所がそこの人々なのだ。（中略）この意味で、場所は公共的（パブリック）なのである。それは共通の経験と共通のシンボルや意味へのかかわりを通して創造され周知される」（Relph 1976=1999: 94）と述べる。そして、こうした「場所」のアイデンティティを構成する要素として、①静的な物質的要素、②人間の活動、③意味、の三つを挙げている（Relph 1976=1999: 124）。レルフは「場所」は物質的な場所だけではないと考えていた。「場所の本質は、地理や景観、都市、家庭の中にも何らかの形で見出されるが、内在するというよりも、『外側』と異なる『内側』の経験にある」（Relph 1976=1999: 128）と言うように、「そこにある」ものではなく、経験によって、「外側」と隔てられうる「内側」こそが場所であると主張する。トゥアンになぞらえて言えば、こうした「内側」が「場所（Place）」、「外側」が「空間（Space）」となるだろう。レルフは「内側」「外側」概念と、私たちの経験の強さのレベルをもとに場所のアイデンティティについて、以下のような分類を行っている（Relph 1976=1999: 130–143）。

- 行動的内側性：単に物理的場所に存在する
- 感情移入的内側性：場所への感情的な参加とかかわり
- 実存的内側性：場所への完全で無意識的なかかわり
- 代償的内側性：小説やその他媒体を通じた場所の経験
- 付随的外側性：場所が単に他の活動（機能）のための背景
- 客観的外側性：場所は概念や位置として扱われる
- 実存的外側性：すべての場所からの根深い疎外

ただし同じ場所に対しても、関わる人によって立場は異なり、分類も異なる。例えば、観光地などを考えると、そこを訪問する人にとっては感情移入的内側性の状態であるが、そこに住んでいる人たちにとってその場所は実存的内側性の状態である。またたまたま出張でそこを訪れたという人にとっては付随的外側性である。

前節で見たグラウンドレベル、タクティカル・アーバニズムに見たコミュニティをつくりだす、あるいは街をつくり変えるような動きは、街や地域を行動的内側性・付随的外側性のようなある種の「よそ者」的な態度でもなく、その状態を住民として無意識にそうあるものとして見ている実存的内側性のような態度でもなく、街や地域を状態感情移入的内側性の状態として認識できるように可視化している実践であると言えるだろう。

レルフは「没場所性」が増したのは近代以降、均質的な建物が増え、その結果、「どの場所も外見ばかりか雰囲気まで同じようになってしまい、場所のアイデンティティが、どれもおなじようなあたりさわりない経験しか与えなくなってしまうほどまでに弱められてしまう」（Relph 1976=1999: 208）と指摘する。「没場所性」が生じてくる理由として「つまり、マス・コミュニケーションは、普遍的で標準化された嗜好や生き方を助長し伝達することにより、景観をいっそう均質化させ、場所の多様性をますます衰亡させているように思われる」（Relph 1976=1999: 212）というように、均質な建物など外的なものだけではなく、私たちの感覚がマスメディアなどによって変容したことも示唆している。

前述したように、代償的内側性として、小説など媒体を通して場所を経験することもあるとする一方で、マスメディアは私たちの嗜好や生き方を標準化するとする、というように相反する姿勢になるというところは注意すべきであろう。

では、どのように私たちは「場所」を取り戻すことができるのか。レルフは私たちが住む場所を日常・非日常において意味と経験を取り戻す手法をつくり出していくことが重要な作業になるという。

必要なことは、私たちの住む環境を、まだ十分には理解していない巨大な機械のように扱う正確な数学的手続きではなく、日常的および非日常的経験の両方の生きられた世界の設計に至る手法なのだ。すなわち、完全に意識的で人間がその中にうまく組み入れられなければならない十分に練り上げられた環境を創造しようとするような手法であり、意味と経験の地域的構造、特定の状況と、場所の意味の多様なレベルとに敏感な手法なのである。（Relph 1976=1999：305）

ここまで見てきたように、トゥアンとレルフにとって、「空間」は均質な広がりを持つものであり、「場所」は私たちの日常、経験が蓄積されたものである。言い換えると、私たちは日常や経験を蓄積することで「空間」を「場所」に変換しているのである。

一方で、マスメディアの発展や街の風景を均質化するような近代化は「場所」を喪失し、空間になっていることの懸念を示していることも共通している。また、文化人類学者のオジェ（Augé, M.）は、「場所」はアイデンティティ、人々の関係性、歴史が付与されているものであり、数多くのニュースや情報がメディアを通して瞬時に広がり、また人間関係や集団の力が弱まり、個人が孤立しやすい

「ハイパーモダニティ」の現代においては、移動や均質性の象徴とも言える空港や高速道路、ショッピングセンターなど「Non Place（非場所）」が増加していると指摘する[8]（Augé 1995=2017）。

他にも「マクドナルド化」（Ritzer 1993）、また日本でも「ファスト風土化」（三浦 2004）などに見られるようにファーストフード店、ショッピングセンター、コンビニエンスストアなど郊外のロードサイド、また都市における場所の喪失、均質的な空間の広がりを問題視し、批判的に捉える指摘はトゥアンとレルフ以降も継続的に展開されている。

情報化社会への展開——ギデンズとカステル

一九七〇年代にトゥアンやレルフなどによって提示された「場所」の喪失への懸念を受けて、人文学、社会学からも場所、空間を捉え直す動きは「空間論的転回」と呼ばれた。ルフェーブル（Lefebvre, H.）は空間を①物理的・感覚として知覚できる「空間的実践（Spatial Practice）」、②建築家、都市計画者、政治家などいわゆる専門家が知識や権力、記号などを用い計画、構想する「空間の表象（Representation of Space）」、③住民、イメージなどを媒介し、具体的に経験される「表象の空間（Space of Representation）」、という三つの次元に区分し、この三者がそれぞれ相互に影響しつつ空間が構成されると指摘した（Lefebvre 1974=2000）。こうした議論はソジャがいう「物理的空間（第一空間）」「心的空間（第二空間）」ではなく、それらが合わさった、表象の空間とも言える「第三空間」についての議論にもつながった。

また、セルトー（de Certeau, M.）は、場所を「もろもろの要素が並列的に配置されている秩序」であるとし、そうした場所において運動や時間といった安定性を脅かすような動きがあるところを「空間」と位置づけた[9]。「都市計画によって幾何学的に規定された都市は、そこを歩く者たちによって空間に転換させせられてしまう」(de Certeau 1980=1987 : 243) というように、セルトーは街における歩行者を重視する。また歩行やおしゃべり、読書、料理なども含む自らが行う細かな日常的な実践を場所における秩序、権力をすり抜ける「戦術」と位置づける。このようにある種のハックとも、ゲリラ的とも言える「戦術」によってつくられる空間はルフェーブルが言う「表象の空間」であり、前述したグランドレベルやタクティカル・アーバニズムにも通底していると言えるだろう。

このようにルフェーブルやソジャ、セルトーに代表されるような「空間論的転回」では、空間を社会的な構成物として捉える、また実践により「場所」を取り戻す動きと言えるだろう。こうした議論を下敷きに、一九八〇年代以降、マスメディアあるいはインターネットなどによる情報化を受けて、メディア論、情報化社会論などの文脈においても空間、場所を再検討する動きが見られた。

ギデンズ (Gidens, A.) は、工業社会において時間と空間が分離されていることを指摘した (Gidens 1990)。工業社会に先立つ伝統的社会では時間は場所に「埋め込まれて」いた。つまり、太陽の動きにもとづき、自分がどこにいるか、によって時間が決まる「不定時法」の社会である。多くの人が生まれた地域を中心に移動があまりなく、また遠くの人と瞬時にコミュニケーションを取る必要のない生活を送っているのであればこうした不定時法でも問題はほとんど生じることがなかった。しかし、工業社会になり人々の移動がより容易に、広くなったことで連絡や待ち合わせなどさまざまな調整が必要になってくると共通の時間、すなわち「時計時間 (Clock Time)」が導入されることになった。

時計時間は自分がどの場所にいるかにかかわらず均質で計測可能なものであり、近代社会、産業にとって決定的な役割を果たした（Mumford 1934, 真木 1981 など）。ギデンズは、時計時間によって固有の場所に埋め込まれていた時間が分離し、それによって空間が、さらに社会関係が分離した状態を「脱埋込（disembedding）」と説明した（Gidens 1990＝1993）。

またカステル（Castells, E.）はインターネットも含めた情報化社会をネットワーク社会と捉え、そこでは「時間なき時間（Timeless Time）」が登場したという（Castells 1996）。「時間なき時間」とは、ギデンズが指摘したような近代化による均質性に加えて、交通手段の高速化、また情報通信技術による瞬時に通信できるなど究極まで圧縮されたことによる即時性、さらにそれらを調整、配置することが可能になったことによる同時性を特徴に持つ時間感覚である。こうしたメディアによる同時性による空間変容は「時間―空間の圧縮（Time-space Compression）」（Harvey 1989）や「瞬間的時間（Instantaneous Time）」（Urry, 2000）、「移送革命」（Virilio 1998）などを軸とした情報化社会論とも通底する。

カステルは空間を「時間を共有する社会実践のための物質的な土台」と想定する。「時間なき時間」が広まったネットワーク社会ではイメージ、資本、権力などが物理的な空間の制約によらずさまざまに行き交っている。そうした中で、地域や都市など物理的な空間に根付いていた「ローカルの空間（Spaces of Localities）」に加えて、情報が絶え間なく流れるネットワークの中枢（node）、ハブとして「フローの空間（Space of Flow）」が登場したと指摘する。こうした「フローの空間」は空港や証券取引所などが想定されているが、物理的な場所というよりもその機能によって成立している場所を指している。このように富や権力はネットワーク化し、グローバル化する社会が登場する一方で、人々の生活や経験は場所に依然として根づいた「ローカル」なものとなる。こうした空間を「フローの空間」に対して、「場所の空間（Space of Places）」と位置づけている（Castells, 1996）。

ただしこうした議論は「フローの空間」は例えば世界各地に出張するグローバル・エリート、「場所の空間」はそうしたことと縁のないローカルの人々という対立構造をあおっているという批判や、また現代においてはグローバル・エリートでなくても人々はスマートフォンを持ち、容易に海外の人とも結びついたり、映像や音楽を楽しむことができるなどの矛盾も指摘されている（Moores 2018）。カステルも後に「場所の空間」と「フローの空間」との分離を強調するよりも、今後の都市においてはその両者の相互関係を重要視している（Castells 2000）。街における「場所」の回復はこうしたモバイルメディア、ソーシャルメディアの普及や移民も含めたグローバル化の進展などの状況も踏まえて検討すべき余地は大きい。

以上で見てきたように、愛着や経験が蓄積した「場所」は、近代化、情報化によって均質で画一的かつ断片化された「空間」が都市に広がってた。そうした中で、グラウンドレベル、人間中心の街づくり、タクティカル・アーバニズム、サードプレイスなどの活動や概念は一九七〇年代のトゥアンやレルフらの人文地理学における「場所」を、セルトーなどが言うような日常的な実践、すなわち「戦術」によって取り戻す実践群と言えるだろう。ただし、そこで再生される「場所」はルフェーブルやソジャが志向するように弁証法的に再生されるという意味で「場所」と全く同じものではない。そして、そこにモバイルメディア、ソーシャルメディアによって新たに再編される「いま・ここ」を参照した二重の意味での「二次的な場所」になると言えるだろう。

ひとり空間とフラリーマン

ここまで見てきたように、人文主義地理学、都市論、情報社会論などの領域において、場所（place）は、空間（space）と二項対立的に捉えられてきた。「空間」は近代化、またマスメディアなどの情報化よって合理的かつ効率的に形成されるがゆえに、均質的で画一的なものとして捉えられる。こうした「空間」を生み出したのは均質で計測が可能な時計時間あるいはメディアによって瞬間的につながることによる同時性といった時間の要因が大きい。すなわち、「いま・ここ」から「いつでも・どこでも」という時間の変容が空間を生み出し、都市空間の変容を促したのである。アーリ（Urry, J.）は駅や空港、広場など移動によって生み出される空間を「中間空間」と位置づけた（Urry 2007=2015）。

こうした中間空間では社会関係の維持のためにコミュニケーションを含むさまざまなマネジメント（調整）がなされる。南後由和は中間空間と東京を中心とした都市とを結びつけ、個室でなくともひとりを感じることができる空間として「ひとり空間」の生成と経験のされ方について論じた（南後2018）。二〇一七年にテレビ番組で反響を呼んだ「フラリーマン」は、仕事の後でまっすぐ帰宅せずに街をぶらぶらして時間を潰してから帰るサラリーマンである。アサヒ飲料株式会社が二〇一八年に発表した一般企業で働く二〇代～六〇代の男女への調査では、働き方改革導入による空き時間の過ごし方として、一一・七％が「まっすぐ家に帰らず寄り道をする」と回答し、趣味（三八・七％）、家事・育児（二六・四％）、配偶者と過ごす（二五・九％）、友人と過ごす（一四・一％）に続いた。これは自己啓発（六・八％）、社内の人との仕事以外の交流（五・一％）、社外の人との交流（四・八％）よりも多い。寄り道する場所は書店（四七・三％）、居酒屋・飲み屋（二八・八％）、カフェ・喫茶店（二八・七％）、家電量販店（一六・二％）、ファーストフード店（一〇・五％）など、多くが「ひとり空間」で過ごしていることが示された。

フラリーマンという言葉自体は二〇〇七年に社会心理学者の渋谷昌三によって命名されたとされるが、そこで指摘されたように家庭に居場所がないなどのネガティブな意味合いと同時に、過剰に入ってくる情報や人間関係を逃れ、ひとりの時間を過ごすことを主体的に選んでいる人も少なくはないと推定できる。こうしたフラリーマン行為を可能にしている中間空間は、家でも職場でも、サードプレイスでもない空間として捉えることができるだろう。

一方で、一九八〇年代のウォークマン、一九九〇年代のケータイを電車などパブリックな場で利用することは、周囲の目を遮断し、自分の世界にこもる、と言われたように家や部屋といったプライベートな「第一空間」の拡張として捉えられる。それに加えて、二〇〇〇年代後半から見られたのは、仕事に使用するメディアがモバイル化することでカフェや新幹線でPCを開いたり、取引先と連絡するといった仕事をする空間としての「第二空間」の拡張であった。駅や公園は、スマートフォンなどモバイルメディアとソーシャルメディアによって家でもあり、職場でもあり、さらにはサードプレイスにもなる、といった三者が重なった空間であると言える。そういった意味で、モバイルメディア、ソーシャルメディアは、家と職場、そしてサードプレイスの三者が重なっている「重なりとしての中間空間」とそれらどれにも当てはまらない「ひとり空間としての中間空間」とを生み出したと言えるだろう。

2・3　再びワークスタイル、ワークプレイスへ

第一章ではモバイル・コミュニケーションの変容について概観した。二〇〇〇年代以降のモバイルメディア、ソーシャルメディアの発展・普及によるコミュニケーションの変容は、富田が言うように「いつでも・どこでも」から「いま・ここ」においてオンラインとオフラインが重なるセカンド・オフラインの状況を生み出した（富田 2016）。それはテレビなど電子メディアに注目し「メディアはメッセージ」と唱えたマクルーハンをメディア論的転回とするならば、モバイルメディアの普及によって「いつでも・どこでも」から「いま・ここ」に注目するモバイルメディア論的「転回」とも言えるだろう。第二章では、グラウンドレベル、人間中心の街、タクティカル・アーバニズムなど近年のとりわけ都市における場所、コミュニティをつくり出す実践を見た後に、その背景にある場所と空間を巡る研究を概観しつつ、近代化・情報化によって均質化・画一化された都市空間に対する日常的な実践による「場所」を取り戻す動きであることを示した。

ワークスタイルとワークプレイスに関してテレワークや副業解禁、時差通勤などのワークスタイル、クリエイティブ・オフィスやコワーキングスペースなどのワークプレイスのトレンドは、多様化と柔軟化とまとめることができるだろう。また仕事と生活のバランスをとるワーク・ライフ・バランスから、両者を融合させて生活を捉えるワーク・ライフ・インテグレーションへの流れも踏まえると、こ

れらを経営やビジネスという視点だけではなく、メディア論などで議論されるメディアによる時間・空間感覚の変容、あるいは人文主義地理学、都市論などで展開されてきた場所への考察とそれらの実践からも捉えることが重要になる。言い換えると、ワークスタイル、ワークプレイスを巡る近年の動向を、「場所」としてのワークプレイスを取り戻すための私たち自身の日常的な実践、あるいは「戦術」として捉える見方である。

これらを踏まえて、本研究が注目する領域は、政府や企業などの施策やマネジメントにも注意をはらいつつ、①実際に働くワーカーがどのような実践を通して「表象の空間」として「場所」を形成しようとしているのか、②ワークスタイル、ワークプレイスに対する感覚の変容においてメディアがどのような機能を果たしているのか、である。

誰にとっての「効率的」か？

二〇世紀初頭のテイラー主義は、仕事における合理化・効率化の思想、いわゆる「工場」メタファーのオフィスにも導入されていった。いわゆる「島型対向式」のような無駄を省いて効率化を目指すオフィスデザインもオフィスでの仕事の進め方や生み出す価値が製造業など工場と類似に考えられるうちは生産性を向上させるための有効な手段であった。それが一九九〇年代後半以降、ビジネスにおいてイノベーションやクリエイティブなど知識創造の価値が重要性を増していくのに伴って、効率化と生産性向上の暗黙の一致に亀裂が生じることになった。言い換えると、何のための効率化か、あるいは生産性とは何か、ということを改めて考える必要が生じたのである。

なぜなら、イノベーションやクリエイティブとされるものにとって知識や情報の交換、何気ない気付きやコミュニケーションからの偶発的なきっかけが重要なのであれば、それは必ずしもこれまでの業務の効率化の延長線上にないからである。オフィスのカフェスペースや喫煙所での何気ない会話の時間が無駄であり、生産の妨げになるという判断がなされるとそれらを極力排することが効率化になる。しかし、そうした時間が重要であるなら、それを促すことが生産性の向上になる。また、イノベーションやクリエイティブに関わらなかったとしても、子どもの迎えや介護などのために仕事を早く終わらせるように効率化するというワーカーもいるだろう。

もうひとつの論点は、効率化を巡る主体の変化である。テイラー主義が科学的管理法と呼ばれるように、業務の合理化・効率化は会社や上司など管理する・マネジメントする側の視点から始まったが、徐々に仕事ができる人とは、有効な時間の使い方、効率的な仕事の進め方ができる人である、というように個人の仕事の進め方といったスキルや自己マネジメントに還元されるようになった。フーコー(Foucault, M.) になぞらえれば、ワーカーは自らテイラー主義を規範とし、内面化していったのである。

そういった中で、これまで会社が進めてきた効率化と個人の効率化が齟齬をきたす領域も多くなってきている。例えば自宅のＰＣで仕事ができるのであれば、大雪や大雨のときに長時間、満員電車に乗ってオフィスに行くことは効率的ではない、という判断になる。

他にも、働き方改革の中で残業削減に取り組んでいる事例は多いが、大企業で残業ができない、あるいは残業しないために、中小企業のワーカーがその分の煽りを受けて残業せざるを得ないといった問題も起こる。このように近年のさまざまなワークスタイル、ワークプレイスに関する取り組みや制度、デザインは、誰にとっての「効率的」なのか、という「主語」が重要な論点になる。

この問題はメディアなどテクノロジーとも無関係ではない。すでに述べたようにモバイルメディア、ソーシャルメディアによって「いつでも・どこでも」から「いま・ここ」にフォーカスされるようになった。しかし、その主体を考えるなら、「いま・ここ」は自分以外の誰かにとっての「いつでも・どこでも」を意味する。かつてポケベルや携帯電話も若者に普及する前は外回りの営業や医療関係者など呼び出しの必要がある仕事をしている人のメディアであった。このことからも分かるように、誰かの「いま・ここ」は自分にとっての「いつでも・どこでも」であり、自分にとっての「いま・ここ」は誰かの「いつでも・どこでも」によって成立するように、両者はコインの裏表なのである。人手不足もあり、とりわけ物流やサービスにおいて、アマゾンGoのようにテクノロジーによる無人化やドローンによる宅配実験も進んでいるものの、利用者の「いま・ここ」を提供することへの限界があることを示す例は多くなっている。

二〇一六年にファミリーレストラン「ロイヤルホスト」が二四時間営業の店舗を廃止し、二〇一七年にはコンビニエンスストア大手のファミリーマートが二四時間営業の見直しを検討するなど年中無休や二四時間営業への見直しが起こっている。また同二〇一七年にはヤマト運輸がアマゾンの当日宅配サービス引受けを削減することを発表した。一方で、ウーバーやエアビーアンドビーに代表されるようなシェアリング・エコノミーは、テクノロジーによって自分の「いま・ここ」と誰かの「いま・ここ」をマッチングさせ、「いま・ここ」と「いつでも・どこでも」のギャップを埋める試みであるとも言える。

このようにワークスタイル、ワークプレイスにおける時間と空間の配分は管理者、大企業など組織や業界における権威による秩序と切り離せない問題でもある。ワークスタイル、ワークプレイスに関する改革や変容は常に「誰のための」という主語にまつわる矛盾や葛藤がつきまとう問題である。そうした中でワーカー個人が働くことに関する実践に目を向けることは、施策を考える上でも重要になってくる視点である。

「つなげる場所（Connecting Place）」から「重ねる場所（Superimposed Place）」へ

第三章以降でワークプレイスについて具体的に見ていく前に、ここまでを踏まえて本書でワークプレイスをどのように捉えるかを整理しておきたい。第一章で二〇一〇年代のメディア・コミュニケーションにおける三つの特徴として、「n対n」「重ねる」「フィットする」を挙げた。これら三つのうち「n対n」はソーシャルメディアなどメディアそのもの、「フィットする」は個人に関するものであり、場所に関するものは「重ねる」である。これを踏まえて、本書ではオフィスを中心としたワークプレイスの変容を「つなげる場所」から「重ねる場所」への変容と捉える（図表2・1参照）。

オフィスを中心としたワークプレイスの歴史は情報化の歴史とも言える。二〇世紀初頭の写真電送装置（現在のＦａｘ）に始まり、メインフレームのコンピュータに至るまで導入された情報機器の多くは大型であったり、非常に高価なものであり個人用ではなかった。

一九七〇年代から八〇年代になると、小型の個人用コンピュータの導入が進んでいった。こうした小型コンピュータ、ワープロ、Ｆａｘなど情報機器の導入による業務の合理化・効率化は「オフィ

つなげる場所 (As Connecting Place)	ワークプレイス	重ねる場所 (As Superimposing Place)
Fax、PC、携帯電話、 電子メールなど	メディア	スマートフォン、 ソーシャルメディア、チャット、 クラウドなど
生産性向上 コミュニケーション(連絡・伝達) 保有	目的	知識創造・イノベーション コラボレーション 共有
メンバーシップ型	組織・メンバー	ジョブ型・プロジェクト型
いつでも・どこでも	モード	いま・ここで
オフィスの拡張・技術への適応	志向	空間のパーソナライズ・フィット
工場 (合理化・効率化を管理する)	メタファー	モニュメント (アイデンティティを顕然させる)
空間の表象	空間の意味	表象の空間
コミュニティ	場所の性質	アソシエーション
OA、サテライトオフィス、 テレワーク	事例	クリエイティブ・オフィス、ABW (Activity Based Workplace)、 コワーキングスペース

図表2・1 「重ねる場所」としてのワークプレイスの特徴

ス・オートメーション(OA:Office Automation)」と総称され、情報の処理、やり取りを自動化、効率化し、生産性を向上させることが主眼であった。

一九七〇年代から二〇〇〇年代にかけてのOA化が進展していく中でオフィスは生産性向上を目的とした「工場」メタファーで捉えることができ、情報という意味ではさまざまな場所をつなげ、集約する「つなげる場所(Connecting Place)」と位置づけることができる。「つなげる場所」としてのオフィスは、情報のデジタル化により、生産性の向上や連絡や伝達などコミュニケーション、情報を保有する中心地となることを目的としている。そこでの働き方は、「いつでも・どこでも」を志向し、それゆえ新卒採用、年功序列、終身雇用が基本のメンバーシップ型の組織であり、ひとつのコミュニティであった。一九七〇年代から一九八〇年代にかけてのＯＡ化や、サテライトオフィス、テレワークなどの試みは、オフィスを拡張する試みであり、その中で社員は技術への適応のためにスキルを磨くことが求められる。このように計画・管理されたワークプレイスは、ルフェーブルが言う「空間の表象」と位置づけることもできる（Lefebvre 1974=2000）。

一方、一九八〇年代後半以降のポケベルや携帯電話などモバイルメディアの登場と普及を皮切りに、二〇〇〇年代後半以降のＰＣのさらなる小型化、スマートフォンやタブレットなどモバイルメディアの発展はオフィスにおいても大きな転換期となった。これら端末の発展と普及に加えて、クラウド技術、チャット、あるいはそれらを含んだツールとしてチャットワークやスラック（Slack）などのビジネスツールは情報を共有し、コラボレーションを通じての知識創造・イノベーションが大きな目的として掲げられた。

ビジネスにおいても次々と変化する状況に対してどのように判断するか、という「いま・ここ」を重視したワークスタイルが広がり、さらにジョブ型・プロジェクト型などひとつのプロジェクトに対してそれぞれの社員の専門性を持ち寄りつつ、時には外部とも連携して仕事を進めていくワークスタイルが増えていった。育児や介護などの事情で在宅、あるいは海外なども含め多様な人材がそれぞれの状況に合わせて柔軟に働くことができるように情報技術を活用して積極的に模索され、ワーカーそれぞれにパーソナライズされたワークスタイルにフィットするように環境が整えられる。そうする中でオフィスは長く同じ時間と場所を共有してつくりあげるコミュニティというよりも、お互い共通の価値観や目的などをもとにして形成される集団、すなわちアソシエーションとしての性格が強くなっていく。それと同時に、合理化・効率化を目指す「工場」のような場所から、そこにやって来たワーカーたちが会社・組織の文化や価値観、アイデンティティを感じることができるような「モニュメント」のようなメタファーで見る場所になることが求められる。二〇一〇年代以降のクリエイティブ・オフィス、コワーキングスペース、また「ＡＢＷ（Activity Based Workplace：活動にもとづくワークプレイス）」などのデザイン、在宅勤務などの働き方、考え方はこうした志向を示したものであり、さらにデザインされるだけではなくワーカーたちも自ら「戦術」としての日常的な実践を通じ、場所としてデザインに参加していくという意味で「表象の空間」と言える。

二〇〇〇年代後半以降のワークプレイスはこのように、ひとつの場所にさまざまな状況や活動を重ねることができる場所、すなわち「重ねる場所（Superimposing Place）」として位置づけることができる。もちろん、すべてのワークプレイスが「つなげる場所」から「重ねる場所」に変わっていくのではなく、こうした要素が強い業種や業界とそうでない業種や業界、また積極的に取り入れる企業とそうでない企業といように強弱はあるが、それでも確実に後者の流れは大きくなっている。

次章に向けて

第一章、第二章で展開してきたメディア論、場所論、都市論などを踏まえ、次章以降では筆者が二〇一二年以降、継続的に実施してきたさまざまなワークプレイスにおけるフィールドワークによるデータにもとづきつつ、モバイルメディア、ソーシャルメディア時代におけるワークスタイル、ワークプレイスを分析をしていく。とりわけワーカーたちのワークスタイルやその考え方などをセルトーの言う日常的実践の「戦術」として捉え、その実践を丹念に示すこと、そしてワークプレイスを「表象の空間」としてどのように自分たちのものとして取り戻そうとしているのか、そこで形成される場所やコミュニティはどのようなものなのか、を中心に検討していく。

より具体的には、第三章では「オフィス」と「テレワーク」を中心に考察する。オフィスデザインの歴史的な流れを踏まえつつ、近年のクリエイティブ・オフィスがどのような思想により展開しているのか、そしてその中で外部との境界が曖昧化している状況を分析していく。またオフィス以外で働く「テレワーク」を中心に、情報化によるワークスタイルの変化とその対応について取り上げる。第四章では「コワーキング」を取り上げ、コワーキングスペースまたコワーキングというワークスタイルが出てきた背景と実態、トレンドについてコミュニティという視点から分析する。第五章では仕事（work）とバケーション（vacation）を合わせた造語である「ワーケーション（workation）」について取り上げ、働くこととリフレッシュすること、生活することとの統合やバランスについて考察する。こうしたオフィス以外の場所はワークプレイスとしてどのように機能しているかを探ることは同時に、多様化するワークプレイスの中でオフィスという存在はそのひとつとしてワーカーたち、さらには企業にとって、都市にとってどうあるかを探ること、につながる。

（1）　マーク・ザッカーバーグによる二〇一七年六月二三日のフェイスブック投稿（二〇一九年四月二〇日取得）。

（2）　厚生労働省「コインオペレーションクリーニング営業施設の衛生実態調査」、公衆浴場に関しては厚生労働省「平成二四年度生活衛生関係営業経営実態調査」（二〇一八年九月二〇日取得、http://www.mhlw.go.jp/stf/seisakunitsuite/bunya/kenkou_iryou/kenkou/seikatsu-eisei/seikatsu-eisei22/index.html）。

（3）大西（2018）「【続報】喫茶ランドリーレポート：目の前にいるのは「消費者」？「人間」？「喫茶ランドリー」で人々を心躍らせる補助線のデザイン。その根本に持つべき考え方とは⁉︎」（二〇一八年九月二〇日取得、https://note.mu/masakimosaki/n/n4c21695c4539）。

（4）PPS, "What is Placemaking", （二〇一八年九月二〇日取得、https://www.pps.org/article/what-is-placemaking）.

（5）一九九〇年代には逆に、都心にあった中小工場から郊外の大型工場へと移っていったことで、均質化した郊外から環境の整ったところに限り（自転車や公共交通が整った）都心に戻っていく動きも見られる。

（6）原文では「The development of social capital between citizens and the building of organizational capacity between public/private institutions, non-profit/NGOs, and their constituents.」とある。

（7）シブヤハック・プロジェクト（Shibuya Hack Project）（二〇一八年九月二〇日取得、https://shibuyahack.com）。

（8）オジェは場所—非場所という軸に加えて、モダニティ—スーパーモダニティという軸で議論を展開し、またセルトーの都市における日常の実践についても参照している。また、セルトーにとって、「場所」とは物理的なものの配置であり、そこを歩き、そこにあるものを手に取り、記憶されること、また記憶を呼び覚まされること、そして物語られることによって「空間」が実践される。空間の実践、すなわち場所を空間へと転換することは、移動と圧縮という作業を含んでいる。

（9）セルトーは、トゥアンやレルフがいう「空間」と「場所」の用語を逆の意味で用いている。本書ではセルトーに言及する場合、セルトー自身の用語に準じた。

第三章　オフィスの拡張と拡散

ユニリーバは二〇一六年よりそれまでの在宅勤務やフレックスタイムなどを統合し、ＷＡＡ（Work from Anywhere and Anytime）制度を導入した。これは全社員、上司に申請すれば上限日数なく、平日朝六時から夜九時まで自由に勤務時間を決め、また働く場所もオフィス以外に選べるという制度である。二〇〇七年には社外にも広げたコミュニティ「Ｔｅａｍ ＷＡＡ！」がつくられ、月ごとに新しい働き方についてのノウハウやディスカッションなどのセッションを行っている。また同年、リクルートホールディングスは雇用形態にかかわらずすべての従業員を対象に、上限日数のないリモートワークを導入した。これらの事例に見られるように、二〇一〇年代半ばから比較的大きな規模の企業においてもリモートワークを制度として導入するところが増えてきた。

リモートワークが増加すると、自宅やオフィス以外にもワークプレイスとして利用できる場所も必要となる。東急電鉄は二〇一六年から会員制サテライトオフィスとして「Ｎｅｗ Ｗｏｒｋ」を展開している。吉祥寺、自由が丘、横浜など東急電鉄沿線の郊外からスタートし、その後も拡大しながら、提携先も増やし、全国に展開するまでになった。

オフィスをよりクリエイティブに、働きやすくする流れと並行して、時間や場所にとらわれずに、オフィスではない場所でも働くテレワーク、リモートワークがある。これらは実は一九八〇年代から探られてきたが近年の働き方改革において具体的な施策として改めて注目されるようになった。

しかし、ワーカーにとって都合の良い時間、場所で働けるという「いつでも・どこでも（Anywhere, Anytime）」は容易に、自分の都合とは関係なく働くことが可能という意味での「いつでも・どこでも（Wherever, Whenever）」にもなる。

本章では、テレワークやリモートワークがオフィスや仕事の拡張なのか、あるいは拡散なのか、ということに焦点を当てつつ、考察していきたい。まずクリエイティブ・オフィスについて概観した後に、一九八〇年代からテレワークがどのように捉えられ、取り入れられていったのか、という流れを確認する。その後、ブームとしてのノマドワーカーやフリーランスの登場なども含め検討していく。

3・1　クリエイティブ・オフィス

オフィス・レイアウトの系譜

フーコーが指摘するように、近代において学校、工場などは均質・画一的な時間と空間にもとづきつつ、監視と訓練によって身体性を通じた規律を生徒、労働者に内面化させ、生産性を向上することを目的としてつくりだされたシステムであった（Foucault 1975=1977）。それは二〇世紀以降、ワークプレイスの中心となったオフィスにおいても同様であろう。多くのオフィスで見られるいわゆる島型レイアウトは、端に上司が座り社員を見渡せるようになっている。こうしたレイアウトは組織構造、あるいは権力の可視化の一例としてあげることができるだろう。現代においてもこうしたオフィス・レイアウトは多く見られるものの、徐々に変容しつつある。

オフィス・レイアウトについて、マイヤーソン（Myerson, J.）らは歴史的に三つに区分されるという。

ひとつ目は「テイラリスト・オフィス（Taylorist Office）」である。これは二〇世紀初頭のアメリカを中心に、テイラー（Taylor, F.）によって工場の生産性向上のため、作業員を効率的に管理するために開発された科学的管理法、いわゆる「テイラーシステム」を適用したオフィスであり、効率的・生産性をいかに向上させるかが重視されるという意味で工場メタファーと位置づけることができるだろう。

二つ目は「ソーシャル・デモクラティック・オフィス（Social Democratic Office）」である。二〇世紀半ば以降、第二次大戦後の経済復興を進めるヨーロッパでは人手不足が生じ、企業は働く環境の良さ、すなわちオフィスにおける居心地の良さによって社員を引きつけようとした。そこで目指されたのは、効率性やサービス・エコノミーの萌芽などを考慮しながらも、ウェルビーイング（well-being）やワーカーそれぞれのアイデンティティにもフォーカスした空間デザインであった。

三つ目は「ネットワークド・オフィス（Networked Office）」である。二〇〇〇年前後から、ビジネスのグローバル化が急速に進み、またインターネットやモバイルメディアが急速に発達・普及した。それに合わせて、物理的空間とオンライン空間とを必要に応じて組み合わせつつ、オフィスをデザインしたものである。そこで重要となってくるのは柔軟性（Flexicibility）と接続性（Connectivity）である（Myerson *et al.* 2010）。

マイヤーソンは新たなオフィスのあり方を問われたインタビューにおいて、「今の郊外の企業キャンパスは若いワーカーに不評です。彼らは店舗やレストランに近い市中心部にいたいのです。そういう声を受けて都市に戻ってくる大企業も見受けられます。知的生産性が求められる施設を郊外に築くという戦略は、今の時代にはそぐわないのです[1]」（「worksight」二〇一七年四月一〇日）とし、以上で挙げた三つに続く形態として、都市から独立したものではなく、深く関係する「フュージョン・オフィス（Fusion Office）」「ミックス・オフィス（Mix Office）」とも言えるものが登場すると予想する。

紺野と華も同様に、一九六〇〜一九七〇年代の効率的ファシリティ管理の重要性を示した「オフィス1・0」、一九八〇〜一九九〇年代の戦略的オフィスの重要性を示した「オフィス2・0」、そして二〇〇〇年代以降は「場」のデザインの重要性が増した「オフィス3・0」の時代であると位置づける（紺野・華 2012）。また牧野智和も二〇世紀半ば以降、人間・非人間の配置に注目しつつ、オフィス・デザインの系譜を、①一九五〇〜一九六〇年代：科学的手法によって可視化・最適化された仕事の流れ・動線の中への埋め込み、②一九七〇〜一九九〇年代：オフィスビル内部に設営された多様な空間がもたらすアメニティへの解放（リフレッシュから知的生産性へ）、③二〇〇〇年代以降：知的創造へと理論的に接続された諸アクティビティを誘発する仕掛けへの曝露、と位置づける（牧野 2018）。

先の章でも述べたように、二〇世紀半ばまではオフィスは「工場」と同様にテイラー主義による科学的管理法をもとにデザインされるべきものと捉えられていた。二〇世紀半ばになると、「工場」との差別化が行われ、居心地や環境として良いものにしていくという「人間らしさ」が取り入れられるようになった。そして二一世紀に入ると、阿部智和が言うように、グローバル化、情報化を背景に知的生産の拠点として、より柔軟な場としてデザインされるべきものとして実務家（鯨井 2005；池田 2011；花田・森田 2015 など）、経営学者（稲水 2009, 2013 など）、建築学者（仲 2010, 2012；岸本ほか 2006 など）などによって議論、デザインされるようになったのである（阿部 2014）。

　メディアとの関連から補足しておきたいのは、マイヤーソンのいう「ソーシャル・デモクラティック・オフィス」や紺野・華のいうオフィス2・0、牧野のいうリフレッシュから知的生産性への流れと情報技術の進展との結びつきである。第二章でも見たように、一九七〇～八〇年代にかけての産業構造の変化に伴って、オフィスのOA化が進められた。情報技術の導入は、業務の構造化などを含む効率化と生産性の向上への期待論が展開される（下村 1981；田村 1982 など）。一方で、そうした技術によって人間が置き換えられていくという脅威論、そしてそれに対抗するには創造性や感性といった「人間らしさ」の見直し、そしてむしろ、そうした作業的な単純労働が置き換えられることによって人間はより「人間らしい」仕事に集中できるという期待が示される、という「人間らしさ」をめぐる脅威論と期待論の「振り子」を見ることができる。

　こうした脅威論と期待論の「振り子」はオフィスだけに限らず、例えば、二〇世紀半ば以降の教育現場へのティーチング・マシンに始まり、マルチメディア、ICTの導入、また前述したような近年のAIやロボットについても繰り返し見られるものである。

ニューオフィス運動からクリエイティブ・オフィスへ

こうした情報技術による「人間らしさ」をめぐる「脅威論と期待論の振り子」を踏まえて、日本のオフィス変容について見ていこう。日本においてひとつの転機となったのは、一九八〇年代半ばから始まった「ニューオフィス運動」であろう。一九八六年に当時の通商産業省（現・経済産業省）においてニューオフィス推進委員会が提出した「ニューオフィス化推進についての提言」を受け、翌一九八七年に「ニューオフィス推進協議会（NOPA）」が設立された。ニューオフィス運動は、当時の政府が示した「ゆとりより豊かさ」をアメリカと比較してオフィス後進国でもあった日本のオフィス環境にも導入するためのものであり、その問題意識は、オフィスではなく生産現場である工場の重視、OA機器によるオフィス環境への影響の軽視であった。そのため、前述の「ニューオフィス化推進についての提言」では、オフィスはワーカーが長時間働く「人間の生活の場」であり、OA化に見られるような「情報化の中核の場」、そして「企業文化の発現の場」、「国際化の前線の場」として捉えることが強調された。

二〇〇〇年代以降、産業においてイノベーションの重要性が高まるに伴って、オフィスの捉え方も変化が生じてきた。二〇〇七年には経済産業省がクリエイティブ・オフィス推進運動を進め、ニューオフィス推進協議会も「ニューオフィス」のコンセプトを「クリエイティブ・オフィス」へと変更していくなど、それまでの「ニューオフィス運動」も知的創造をより重視した「クリエイティブ・オフィス」へと変容していく。ニューオフィス推進協議会による「クリエイティブ・オフィス・レポート」はそうした転換を、情報処理空間（効率を追求する仕事空間）から知識創造空間（効果のあがる仕事空間）への転換と捉えている。

では、クリエイティブ・オフィスとはどのようなものを指すのか。クリエイティブ・オフィスとは「知識創造行動を誘発する、空間・ＩＣＴツール・ワーカーへのはたらきかけ（三つの加速装置）と、組織の目標とプロジェクトのゴールに向けたマネジメント（駆動力）の双方を備え、組織の創造性を最大限に発揮するための働き方に適した『場』」を指す[2]。ここで言うクリエイティブ・オフィスが目指すべき知識創造行動とは、具体的には野中郁次郎と竹内弘高が提唱した暗黙知を共有する「共同化（Socialization）」、それを形式知に変換する「表出化（Externalization）」、そしてそれらを組み合わせて体系化する「連結化（Combination）」、それらを自分のもの（暗黙知）にする「内面化（Internalization）」を循環しつつ知識を創造、マネジメントする「ＳＥＣＩモデル」にもとづいている（野中・竹内 1995=1996）。そしてＳＥＣＩモデルを行動レベルに置き換えた「12の知識創造行動」が提示され、クリエイティブ・オフィスにおいては空間設計がこれらの行動を誘発しているかどうか、が重要視される（図表3・1参照）。

例えば、二〇一一年に都内五拠点を統合し、品川オフィスに移転した日本マイクロソフトは、同二〇一一年には日経ニューオフィス賞経済産業大臣賞、クリエイティブ・オフィス賞を、また二〇一二年にはテレワーク推進賞会長賞を受賞した。マイクロソフトにおけるワークプレイスのデザインはＷＰＡ（Work Place Advantage）というオフィス環境改善プログラムにもとづいて行われている。品川オフィスでは個人の座席を特定しないフリーアドレス制度を積極的に導入し、その数は品川オフィスで働く約二五〇〇人のうち六〇％にものぼる。またオフィス内には「ハブ」と呼ばれるミーティン

	知識創造行動	誘発する空間の代表例
S 刺激しあう	01 ふらふら歩く。	ジグザグの通路。話しかけやすくする工夫がなされた執務空間。
	02 接する。	雑談したり打ち解けたりするスペース。
	03 見る。調べる。感じあう。	ガラス張りや上から見ることができるなど、様子を見やすいような工夫がされた執務空間。製造現場や販売現場の様子などがわかるような工夫がされた空間。
E アイデアを表に出す	04 軽く話してみる。	開放的な、ソファのあるような空間。立ち話のしやすい空間。メインのデスクの脇や後ろにある小さなテーブル。対人距離的には 70cm 程度で、小さな声でも会話できるスペース。
	05 ワイガヤ・ブレストする。	やや大きめの可動テーブルを囲んで、大声を出しても大丈夫な、声の漏れないような明るい空間。ホワイトボードがあることが望ましい。
	06 絵にする。たとえる。	ホワイトボードをみんなで囲んで、それを見ながらみんなで一つのものをつくっていける空間。
C まとめる	07 調べる。分析する。編集する。蓄積する。	電話等にじゃまされず、こもって、落ち着いて PC に向かえる空間。過去のプロジェクト実績、他社の資料、マーケティングデータ等のある社内共有の資料室のような空間。自分の業務に必要となる書籍等を保管する空間。
	08 真剣勝負の討議をする。	声が外にもれない会議室。閉鎖され、殴られない程度の対人距離を確保した上で安心して口げんかができるような議論のための空間。
	09 診てもらう。聴いてもらう。	プレゼンテーションを行えるようにプロジェクターの利用できる部屋。権威的な会議室、かしこまった空間で緊張してプレゼンテーションをする空間。プレゼンテーション用の資料を落ち着いてつくるための空間。
I 自分のものにする	10 試す。	試作などが行えるように簡単な工具類のある空間。実験室。
	11 実践する。	商談スペース。社外の人が気軽にやって来られるような展示ルーム。顧客が製品を試せたりまた、生産現場などを知ることができるスペース。
	12 理解を深める。	研修室。ビデオ学習等を落ち着いて行える空間。模擬店舗。
S+E+C+I	01~12 のうちの多くの行動	自席。1 ～ 12 のうちの多くの行動を行え、かつ素速く各モードをまわすための執務空間。

図表 3・1　12 の知識創造行動とクリエイティブワークプレイス

出典：ニューオフィス推進協会（2007）『クリエイティブ・オフィス・レポート 1.0』

グ・スペースを大小織り交ぜて準備するなど、従来の合理主義・効率主義的なデザインとは異なり、個人あるいはチームとしての生産性をいかに高めるか、言い換えれば、知識創造行動を誘引する、コンセプトにもとづいたデザインが注目を集めた。

見過ごされがちであるが、こうしたワークスタイル、ワークプレイスにとって物理的な空間デザインと同様あるいはそれ以上に、電話、チャット、ビデオ通話・会議などモバイル化・多様化されたコミュニケーション手段も重要になる。日本マイクロソフトにおいて、こうしたコミュニケーションは「Ｌｙｎｃ」（二〇一五年からスカイプ for Business に名称変更）と呼ばれるシステムでシームレスに統合されており、社員はそれぞれ今どのような状況かがすぐに分かるように表示され、さまざまなデバイスから連絡が取れるようになっている。

こうしたコミュニケーション環境は用件などの連絡が取りやすいだけではない。岡村製作所のオフィス研究所研究員である池田晃一は仕事に関わる情報だけでなく、自分の置かれている状況を伝え合うことによって、いつ・どこに居ても、お互いの「つながり」を感じることで、快適に効率よく働くことができるワークスタイルを「コプレゼンス・ワーク（Co-presense Work）」と名づけた（池田 2011）。これまでワークプレイス、ワークスタイルにおいて各個人の状況はそれほど重視されてこなかった要素だったかも知れない。しかし、コミュニケーションの方法・頻度・範囲が広がり、そこにいない人も含めてチームで仕事を進めることが増えてきた現代のワークプレイス、ワークスタイルにおいて用件的な情報によるコミュニケーションだけではなく、各個人の状況を共有することも個人およびチームの生産性を高める鍵として重要になっている。

オフィスの境界線の曖昧化

ワークプレイスのデザインを知識創造行動のように行動ベースで考えた場合、オフィスにさまざまな行動に適した空間をそれぞれデザインすることは、逆に言えば、オフィスの物理的な空間としての境界を曖昧化し、拡散する方向性を探ることにもつながる。

二〇〇七年に発行された『クリエイティブ・オフィス・レポート1・0』ではすでに、知識創造を誘発する行動に適した空間として、オフィスだけではなく、都市空間における居酒屋やカフェ、ファミレスなどもワークプレイスとして捉える視点を提示していた。すなわち、知識創造のための行動における「刺激し合う」「アイデアを表に出す」「まとめる」「自分のものにする」という四つのモードを切り替える中で「例えば『刺激しあう』行動にあたる雑談を交わすには、居酒屋のほうが適しているかもしれません」というように、自席、オフィスだけではなく、必要に応じて街も含めてワークプレイスとして捉えることが示されている。

オフィスと外部との境界が曖昧化されていくことを促進する背景としてオープン・イノベーションとフューチャー・センターがある。オープン・イノベーションは自社だけで研究・開発を行うクローズド・イノベーションに対して社外の知識を取り込んで社内のイノベーションを加速したり、自社のそれを社外活用することを促進することを指している（Chesbrough 2003, 2006）。

例えば、イトーキは二〇一二年にオープン・イノベーションを目指す空間としてイトーキ東京イノベーションセンター「ＳＹＮＱＡ」を開設した。また富士通デザインは地域から持ち込まれた課題を一緒に考えたり、富士通デザインの持つツールなどを提供したりすることでオープン・イノベーションを目指した空間として、二〇一四年、六本木に共創プラットフォーム「ＨＡＢ－ＹＵ ｐｌａｔｆｏｒｍ」をオープンさせた。また同年には富士フィルムによる「Ｏｐｅｎ Ｉｎｎｏｖａｔｉｏｎ Ｈｕｂ」が、二〇一五年には岡村製作所で「Ｏｐｅｎ Ｉｎｎｏｖａｔｉｏｎ Ｂｉｏｔｏｐｅ Ｓｅａ」が開設されるなど、さまざまな業種の企業がオープン・イノベーションを目的とした空間を開設している。

ただし、こうした施設をつくればすぐにオープン・イノベーションが起こるわけではない。こうした空間のデザインと同時に、それら企業に所属するワーカーがそのような活動することを許容されるような働き方や組織文化になっているかということとも密接に関連しているだろう。

オープン・イノベーションは主に企業を想定しているが、より地域や市民も含めた形での展開としてフューチャー・センターがある。フューチャー・センターは一九九〇年代後半以降、とりわけ北欧を中心に知的資本経営（Intellectual Capital Management）の視点から行政が企業、大学、市民や多様な専門家などさまざまなステークホルダーを含めて社会課題についてオープンに対話する場として形成されてきた。

こうしたフューチャー・センターは二〇〇〇年代半ば以降、日本においても地域や大学、そして企業に徐々に取り入れられるようになった。例えば、富士ゼロックスＫＤＩが二〇〇七年に導入したフューチャー・センターは二〇一〇年には日経ニューオフィス賞（クリエイティブ・オフィス賞）を受賞している。このように、オープン・イノベーションやフューチャー・センターはオフィスにおいて外部の人と接触できる場として、いわば「オフィスであってオフィスではない場」ができる背景になったのである。同様に、近年では企業のサービスや製品を共創したり、テストする空間としてリビング・ラボも増加している。

空間そのものをつくるのではなく、モノを媒介にオフィスの境界を曖昧化する事例も見られる。アウトドアメーカーであるスノーピークはＩＴ企業のＨＥＡＲＴＩＳと共同し、二〇一六年にアウトドアとテクノロジー、働き方にフォーカスしたスノーピークビジネスソリューションズを設立した。そこでは「ｏｓｏｔｏ（Outdoor Small Office / Third Office）」をコンセプトとし、そのために①オフィスの居心地など「オフィスを変える」、②在宅ワークやモバイルワークなど「働く場所を変える」、③「報連相」や効率化だけではなく、人と人とのつながりやコミュニケーションなど「つながり方を変える」という三つのアクションを掲げている。キャンプ用のテントを使用した「キャンピング・オフィス」をいくつかの企業で実証実験を進めながら、二〇一八年には渋谷キャストで恒常的なサービスとしてスタートさせた。また逆に、オフィスに机やイス、テントなどのキャンプ用品を導入する「オフィス・キャンパーズ」も岡村製作所と共同して展開している。こうした「ｏｓｏｔｏ」に見られるような取り組みで用いられるアウトドア用品のテントやイス、机は持ち運びを前提にデザインされているので、柔軟に空間をつくりかえることができる。そして、そこで強調されるのは、社員の生産性やウェルビーイングの向上に加えて、非日常的な環境によって刺激を受けて、クリエイティブになれるという点である。

これら街にオフィスをつくりだすキャンピングオフィス、またオフィスをキャンプの雰囲気にするオフィス・キャンパーズは、アウトドア製品をメディアとしてインストールすることで「非日常」を

つくるという意味で、インスタレーション的な手法による空間の曖昧化と言えるだろう。(3)

3・2　オフィスに行かないという選択：テレワークの拡張

テレワークの登場

前節でも見てきたように二十世紀以降、合理化や効率化、そして「人間らしさ」のある環境としてのオフィスを経て、二〇〇〇年以降の知識創造モデルにもとづくクリエイティブ・オフィスが登場した。こうしたオフィスデザインが展開していくのと同時に、オフィスにいなくても仕事ができる環境、すなわちテレワークも模索されてきた。テレワークは文字通り、「ｔｅｌｅ：離れた」と「ｗｏｒｋ：仕事」を組み合わせた造語である。類語としてリモートワークもあるが、政策などにおいてはテレワークが使用されている。

二〇一八年に発表された国土交通省による『平成二九年度テレワーク人口実態調査』はテレワークを「ＩＣＴ（情報通信技術）等を活用し、普段仕事を行う事業所・仕事場とは違う場所で仕事をすること」、また日本テレワーク協会は「情報通信技術（ICT = Information and Communication Technology）を活用した、場所や時間にとらわれない柔軟な働き方」としている。ただし、「普段仕事を行う事業所・仕事場とは違う」という表現は、普段から在宅で仕事をする人などはどうなるのか。そういった意味で、これは無意識的にオフィスに通って仕事をすることを前提とした表現となっていると言えるだろう。また「時間や場所にとらわれない」という柔軟性を強調しているが、実際にはテレワークでも会社から勤務時間などは設定されていることもある。

またSOHO（Small Office Home Office）にも触れておこう。二〇〇〇年に公益法人として設立された日本SOHO協会はSOHOを「情報通信技術を活用して自宅や小規模事務所等で仕事を行う独立自営型就労」、また二〇〇〇年の『情報通信白書』では「企業に属さない個人起業家や自営業者などが情報通信ネットワークや情報通信機器を活用し、自宅や小規模な事務所で仕事をする独立自営型のワークスタイル」としている。このようにICTを活用する点ではテレワークと同様であるが、雇用されているのではなく独立自営という点がポイントになる。これらを踏まえて、本書ではテレワークをSOHOなども含めた概念として、「ICTを活用し、オフィス以外も含め時間や場所に柔軟性を持たせた働き方」として進めていきたい。また同時に、「テレワーク」という言葉自体が政策的な意味合いが込められていることから、テレワークも含めオフィス以外で仕事をすることを総称して、「リモートワーク」と位置づけたい。

一九八〇年、トフラー（Toffler, A.）は『第三の波』（一九八〇）で、自宅のコンピュータからオフィスまで高速回線が整備されることで、自宅にいながら仕事をする「エレクトロニック・コテージ（Electronic Cottage）」登場を予言した（Toffler 1980）。実際に一九八〇年代は日本でもテレワークの実証実験が進んでいく。その嚆矢としては一九八四年の「吉祥寺サテライトオフィス勤務実験」や一九八八年の富士ゼロックス、内田洋行、住友信託銀行、鹿島建設、リクルートなどが行った「志木サテライトオフィス実験」など一連のサテライトオフィスの事例が挙げられる。これらは吉祥寺や志木など都心部から電車で三〇〜四〇分と少し離れた郊外都市に設置され、「吉祥寺サテライトオフィス勤務実験」では主にテレコミューティングについて、「志木サテライトオフィス実験」では当時から問題となっていた通勤や住宅問題に対して職住近接のワークスタイルについての実験が行われた。

こうした実験期を経て一九九〇年代になると、テレワークに関連した団体の設立が見られるようになる。一九九一年に日本テレワーク学会が発足した。また、同年に日本サテライトオフィス協会も任意団体として設立され、その後二〇〇〇年に名称を変更し、日本テレワーク協会となった。一九九九年には「テレワーク相談・体験センター」が設立され、二〇〇〇年には日本テレワーク協会によってSOHOなどを支援するための研究部会として「マイクロビジネス協議会」が立ち上げられた。

一九九〇年半ば以降は省庁でもテレワーク推進の動きが広がっていく。一九九六年には当時の郵政省・労働省による「テレワーク推進会議」が設置され、一九九八年には当時の労働省が『テレワーク導入ガイドブック』を発表し、またこれらの時期から『情報通信白書』をはじめ白書にもテレワークの言葉が登場するようになる。例えば一九九六年の『情報通信白書』においてテレワークが地域への分散「テレワークセンターへの期待」として登場し、インターネットを介したバーチャルファクトリーやビジネスの事例が紹介されている[4]。一九九七年になると記述量も増え、そこではサテライトオフィス勤務、在宅勤務、直行直帰、モバイルワークなどの類型が示され、地域分散やビジネスのあり方というよりも働き方としての意味合いが強くなっている。二〇〇五年には総務省・厚生労働省・経済産業省・国土交通省が中心となり「テレワーク推進フォーラム」が設立されるなど、広がりを見せた。

それではテレワークの現状はどのようになっているのか。国土交通省による『テレワーク人口動態調査』は二〇〇二年度から三年おきに、二〇〇八年からは毎年実施されているが、二〇一四年までは、

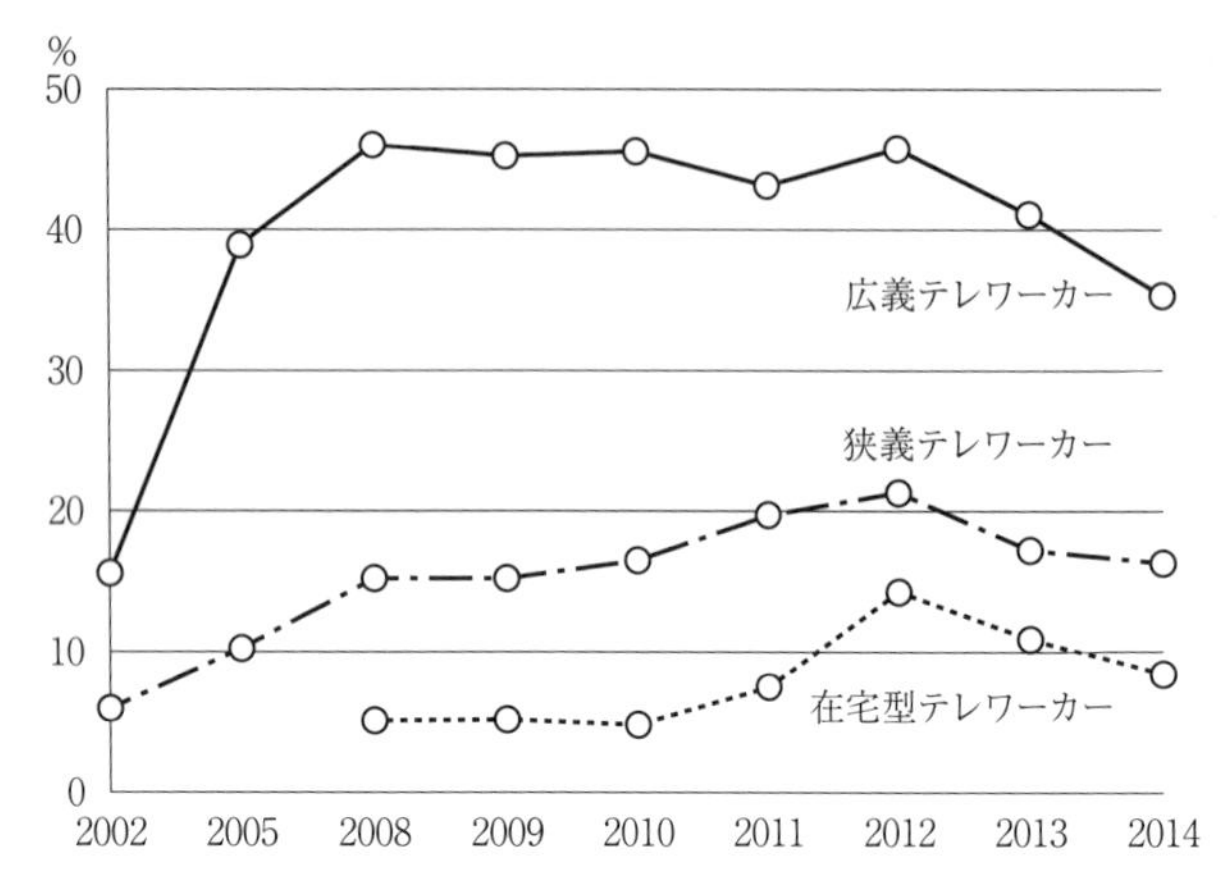

図表3・2　広義テレワーカー・狭義テレワーカー・在宅型テレワーカー率

出典：国土交通省『テレワーク人口実態調査』より筆者作成

前述とは異なった分類をしている。

テレワーカーはまず「広義テレワーカー」と「狭義テレワーカー」とに分類される。「広義テレワーカー」とは、雇用者においては「ふだん収入を伴う仕事を行っている人の中で、仕事でICTを利用している人かつ、自分の所属する部署のある場所以外で、ICTを利用できる環境において仕事を行っている人」であり、自営業者においては「ふだん収入を伴う仕事を行っている人の中で、仕事でICTを利用している人」を指す。一方、「狭義テレワーカー」は「ふだん収入を伴う仕事を行っている人の中で、仕事でICTを利用している人かつ、自分の所属する部署のある場所以外で、ICTを利用できる環境において仕事を行う時間が一週間あたり八時間以上である人」とされ、さらに「狭義テレワーカー」のうち、自宅でテレワークを少しでも行う人を「在宅型テレワーカー」としている。

図表3・2で示されるように「狭義テレワーカ

ー」は二〇〇二年の時点で六・一％であったのが、年々増加し、二〇一二年の段階では二〇％を超す（そのうち「在宅型テレワーカー」は一四・二％）にまで達した。二〇一一年から二〇一二年にかけての在宅型テレワーカー上昇は、二〇一一年に発生した東日本大震災の影響と考えられる。地震やそれに続く津波などの天災、原子力発電所の爆発事故、またそれに伴う多くの帰宅困難者などは個人にとっての働き方、また企業にとっても「事業継続計画（ＢＣＰ）」が問われるようになり、テレワークの普及率の上昇につながったと考えられる。ただし二〇一二年以降は「広義テレワーカー」「狭義テレワーカー」とも減少している。しかしながら、「広義テレワーカー」の定義からすると、自分の部署以外でＰＣなどＩＣＴを利用しないということは考えにくく、また「狭義テレワーカー」にしても、例えば外回りの営業では多くがスマートフォンを含めたＩＣＴを利用していると考えられるため、減少の理由については説明できない部分もある。

こうした状況を受けてか、二〇一六度以降の調査では、分類方法に変化が見られた。自宅でテレワークを行うテレワーカーを「在宅型テレワーカー」、自社の他事業所、または複数の企業や個人で利用する共同利用型オフィスやコワーキングスペース等でテレワークを行うテレワーカーを「サテライト型テレワーカー」、顧客先・訪問先・外回り先、喫茶店・図書館・出張先のホテル等、または移動中にテレワークを行うテレワーカーを「モバイル型テレワーカー」というように三つに分類している。日本テレワーク協会も同様に「在宅勤務」「サテライトオフィス勤務」「モバイルワーク」の三つに分類している。そして、自営業・自由業、及び家庭での内職を本業としている人を「自営型」、民間企業や官庁、団体との雇用関係にある人を「雇用型」としている。

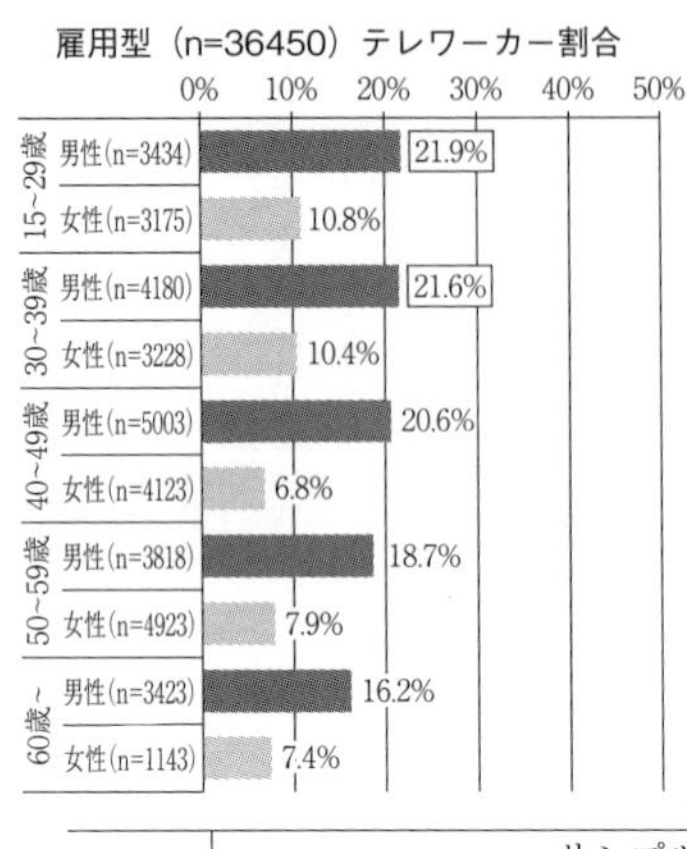

自営型（n=3550）テレワーカー割合

年齢	性別	テレワーカー割合
15~29歳	男性(n=74)	40.5%
	女性(n=68)	26.5%
30~39歳	男性(n=221)	29.4%
	女性(n=90)	40.0%
40~49歳	男性(n=443)	26.2%
	女性(n=152)	20.4%
50~59歳	男性(n=573)	18.5%
	女性(n=356)	16.9%
60歳~	男性(n=1392)	20.7%
	女性(n=181)	20.4%

			サンプル数（人）		テレワーカー割合（%）	
			雇用型	自営型	雇用型	自営型
全年齢	男女計		36,450	3,550	14.8%	22.2%
		男性	19,858	2,703	19.9%	22.4%
		女性	16,592	847	8.7%	21.5%

図表3・3　テレワーカーの割合

出典：国土交通省（2018）『平成29年度テレワーク人口実態調査』

これらの分類に従った結果は、二〇一七年度において、「在宅型テレワーカー」の割合が四七・二％（一日あたり平均仕事時間三・二時間）、「サテライト型テレワーカー」が五六・五％（同四・一時間）、「モバイル型テレワーカー」が五一・一％（同二・三時間）であった。

では、テレワーカーの割合はどのようになっているか。**図表3・3**が示すように、雇用型就労者のうちテレワーカーは男性で一九・九％、女性で八・七％であった。年齢層で見ると男性はどの年代も大きくは変わらない一方で、女性は一五～三九歳で一〇％ほど、それ以上は六、七％ほどになっている。自営型就労者を見てみると、二二・二％がテレワーカーであり、雇用型と比較すると、とりわけ女性の割合がどの年齢層でも高いことが分かる。年齢別では一五〜二九歳においては男性が四〇・五%、女性が二六・五%であるのに対し、三〇〜三九歳においては男性が二九・四%、女性が四〇%となっている。ただし実際にはこの調査における自営型就労者のサンプルの多くは四〇歳以上であることを差し引かなければならないが、比較的若い年齢層（一五〜二九歳）での自営型において特に男性の中でテレワークが多いのはスタートアップなど起業が、また三〇〜三九歳において女性が企業を出産や転勤などさまざまな理由で辞めたあとにテレワークでの仕事をしているという背景があると推測できる。

テレワークを制度として導入している会社はどれくらいあるのか。「勤務先にテレワーク制度等がある」と回答した割合は雇用型就労者のうち一六・三%であり、「認めていない」が五一・六%、「わからない」が三二・二%であった。また企業規模で見ると、一〜一九人規模で一一%、以下、二〇〜九九人規模で一一%、一〇〇〜二九九人規模で一二・九%、三〇〇〜九九九人規模で一五・八%、一〇〇〇人以上の規模で二五・一%の割合で制度がある、と回答している。

このようにまだテレワークを制度として認めている企業は、規模が小さければ小さいほど、多くないことが分かる。このことは逆に規模が大きいほどテレワークを整備するコストを支払えるのと同時に、オフィススペース、人材の流出を防ぎ、確保するためにテレワークを推進していると考えられる。しかし、総体としては、まだ多くの企業においてテレワークの実施率は高いとは言えない。

「動員」としてのテレワーク

テレワークはその定義からも分かるように、一九九〇年代以降のＰＣやインターネットなどＩＣＴ

（情報通信技術）の発展・普及と軌を一にしており、国家における情報化政策にも取り入れられていくようになった。例えば、二〇〇三年の「ｅ－Ｊａｐａｎ戦略Ⅱ」では、二〇一〇年までにテレワーク人口が就業者人口の二割にすることが目指されるなどテレワークの増加は数値目標としても設定された。また二〇〇六年の「ＩＴ新改革戦略」で再び、数値目標について言及され、二〇〇七年の「ＩＴ新改革戦略政策パッケージ」ではそれらを受けつつ、テレワークは次のように位置づけられる。

場所と時間を自由に使った柔軟な働き方であるテレワークは、仕事と生活の調和（ワーク・ライフ・バランス）を可能とするとともに、多様な就業機会や起業・再チャレンジ機会を創出するものである。少子高齢化の中で、育児期の親、介護者、障害者、高齢者等をはじめ、個々人の働く意欲に応え、その能力を如何なく発揮し活躍できる環境を構築し、また、家庭、社会及びその活力を維持していく上で、そうした就業環境等を早急に整備していく必要がある。このため、二〇一〇年までにテレワーカーが就業者人口の二割を達成することを目指した取組を推進する。(5)

さらに、二〇一三年の「世界最先端ＩＴ国家創造宣言」でもテレワーカー数が雇用形態の多様化とワーク・ライフ・バランスの実現状況を測るＫＰＩ（Key Performance Indicators：重要業績評価指標）のひとつとして、二〇二〇年までに①テレワーク導入企業を二〇一二年度比で三倍（二〇一二年度は一一・五％）、②週一日以上終日在宅で就業する雇用型在宅型テレワーカー数を全労働者数の一〇％以上、とより具体的に踏み込んで設定された。二〇一七年には、「世界最先端ＩＴ国家創造宣言・官民データ活用推進基本計画」において、テレワークの普及について以下のように言及されている。

- テレワークは、働き方改革を推進するに当たっての強力なツールの一つであり、より具体的かつ効果的な形で普及が進むようにすることが課題。また、テレワークの普及に当たっては、関係府省庁が連携し、ガイドラインや表彰等の普及啓発の推進、サテライトオフィスの整備等を通じて、平成三二年におけるKPIの目標値達成を図る。
- 国家公務員については、平成三二年度までに、①必要な者が必要な時にテレワーク勤務を本格的に活用できるようにするための計画的な環境整備を行い　②リモートアクセス機能の全省での導入を行う。
- 働き方改革の一助となり、労働者、事業者、その顧客の三方にとって効率的な結果が得られ、ワークライフバランス、生産性、満足度等の向上を実現[6]。

前述した二〇一三年の「世界最先端IT国家創造宣言」における①は継続され、新たに、雇用者のうちテレワーク制度等にもとづく雇用型テレワーカーの割合を平成二〇一六度比で倍増（二〇一六年度は七・七％）、と再設定された。

こうした九〇年代半ば以降の情報政策の流れを見ると、テレワークは単なるワークスタイルの変革に加え、ICT普及戦略のひとつとして取り上げられつつ、次第にワーク・ライフ・バランス、働き方改革などの中で多くの社会課題を解決するものとして期待されるようになっていったことが分かる。

さらに二〇一六年以降は働き方改革の流れの中で、少子高齢化による労働力人口の確保、生産性向上のための具体的なアプローチとして取り上げられるようになった。

総務省、厚生労働省、経済産業省、国土交通省、学識者、民間事業者などによるテレワーク推進フォーラムは二〇一五年から十一月をテレワーク月間として設定し、テレワークの啓発を図っている。「テレワーク月間宣言文二〇一七」は次のように述べる。

私たちは、テレワークが「持続可能な成長と実感できる豊かさ」を実現する働き方であることを確信しています。

- 私たちは、産業社会から知識社会への移行期にいることを実感しています。社会・経済のグローバル化や未体験ゾーンに入った少子高齢化社会の中にあって、テレワークという強くしなやかな生き方、働き方の方法を身につけた人々が、これからの時代に活躍することを期待しています。
- 私たちは、情報通信技術の進展が新しい時代を動かしていること実感しています。もはや「ICTを活用し、時間や場所を有効に活用できる柔軟な働き方」を阻害する「技術的な壁」は存在しないと考えます。
- そして私たちは、テレワークの実践を通して得ることができる、多くの価値創造活動を支援します。

テレワーク月間は、テレワークに関心を持ち、実践する人々が「共鳴し、体験を拡げる場」とし

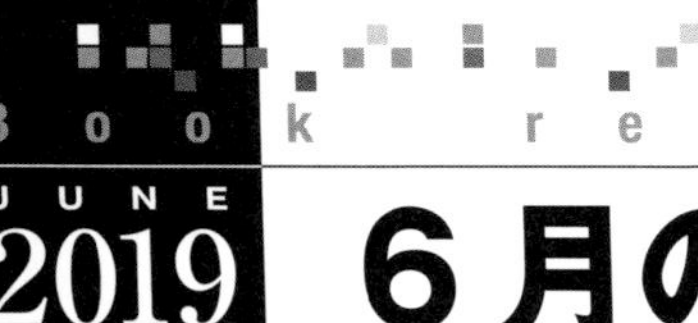

6月の新刊

勁草書房

〒112－0005 東京都文京区水道2－1－1
営業部 03－3814－6861　FAX 03－3814－6854
ホームページでも情報発信中。ぜひご覧ください。
http://www.keisoshobo.co.jp

表示価格には消費税は含まれておりません。

〈島〉の科学者

パラオ熱帯生物研究所と帝国日本の南洋研究

坂野 徹

帝国日本の科学者は一体何を調べようとしていたのか。研究者と「島民」、帝国日本の意思、国策会社の活動が交錯する〈島〉の姿を描く。

A5判上製 400頁　本体4700円
ISBN978-4-326-10274-7

バークリの『原理』を読む

「物質否定論」の論理と批判

冨田恭彦

バークリの観念論とはどのようなものだったのか？『原理』（『人知原理論』）のテキストを丁寧に読み解き、わかりやすく解説する。

四六判上製 320頁　本体3400円
ISBN978-4-326-15460-9

「核の忘却」の終わり

核兵器復権の時代

秋山信将・高橋杉雄 編

公私で支える高齢者の地域生活　第3巻

認知症と情報

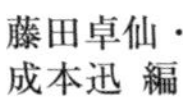
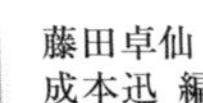
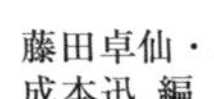

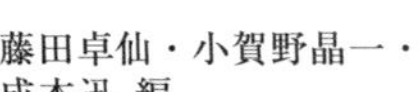

藤田卓仙・小賀野晶一・成本迅 編

6月の重版

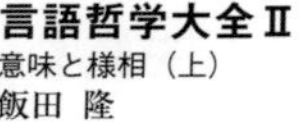

言語哲学大全Ⅱ
意味と様相（上）
飯田 隆

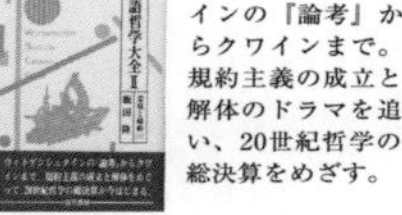

ウィトゲンシュタインの『論考』からクワインまで。規約主義の成立と解体のドラマを追い、20世紀哲学の総決算をめざす。

四六判上製 320 頁　本体 2600 円
ISBN978-4-326-15227-8　1 版 13 刷

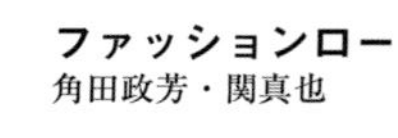

ファッションロー
角田政芳・関真也

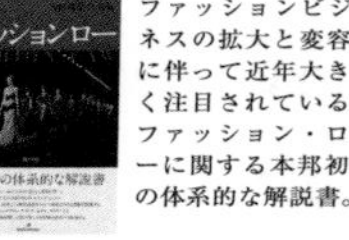

ファッションビジネスの拡大と変容に伴って近年大きく注目されているファッション・ローに関する本邦初の体系的な解説書。

A5 判並製 312 頁　本体 3800 円
ISBN978-4-326-40336-3　1 版 2 刷

国際政治学のロングセラー

2008年3月刊行　好評6刷

紛争の戦略
ゲーム理論のエッセンス

て位置づけられています。この場に参加することで得られる全ての新しい価値創造の成果を共有することで、「持続可能な成長と実感できる豊かさ」の実現を目指します。(7)

二〇一七年には二〇二〇年のオリンピック開会式を意識し、七月二七日を「テレワーク・デイ」として設定した。さらに二〇一八年には七月二三日から二七日までの五日間に拡大し、「テレワーク・デイズ」としている。この期間で七月二四日と他一日以上でテレワークを全国で一斉に行うというものである。まさに日本テレワーク協会が二〇一八年に「二〇二〇年に向けたテレワークによる働き方改革を推進するための七つの提言」で述べたように、「テレワーク月間」「テレワーク・デイズ」を含め、テレワークを「国民運動」として展開していく様子が読み取れる。

このように政策やキャンペーンによってテレワークを推進していく流れを見ると、テレワークは、働いている個人の選択による働き方の多様性確保のためのアプローチというよりも、国家によるオフィス以外の空間で働くことへの「動員」のアプローチとして捉えられるだろう。テレワーク以外にも「ノー残業デー」や「プレミアムフライデー」、また導入が検討されている「シャイニングマンデー」などは仕事時間の配置に対する「動員」のアプローチと言える。こうした時間、空間の配置への「動員」のアプローチは、前章でも指摘したように、必然的に誰にとっての効率化かという「主語」の問題、すなわち権力構造が反映される。

テレワークについて研究をしている佐藤彰男も前述した日本テレワーク協会によるテレワークの「情報通信技術（ICT＝Information and Comunication Technology）を活用した、場所や時間にとらわれない柔軟な働き方」という定義に触れて、以下のように懸念を表明している（佐藤 2012）。

しかし概念の定義に「とらわれない」や「柔軟な」という価値的な尺度を含むことは、学術研究の立場からは、望ましいことではない。またこの定義は、誰が「場所や時間にとらわれない」[8]のか、誰にとって「柔軟な働き方」であるのかについて言及していない。後述のように、企業側からみれば、テレワークは労働者を「場所や時間にとらわれ」ずに働かせる方途であるかもしれないが、ほとんどのテレワーカー（テレワークに従事する人）は、働く時間帯や場所を主体的に決定できるわけではない。

ここからも分かるように、確かにテレワークは「柔軟な時間・空間による働き方」であると言える。しかし、それはあくまでワーカー自身ではなく企業やマネジメントする側、下請けではなく上流工程にいる側にとっての柔軟性、すなわち、いつでも・どこでも働いて「もらう」ための柔軟性である。先にも述べたように、とりわけＩＣＴが実現させてきた「いま・ここ」は誰かにとっての「いつでも・どこでも」である。そういった意味で、テレワークは管理、マネジメントする側、上流工程側からのモニタリング、監視につながるかもしれないというワーカーの不安と結びついている。小規模の企業に見られるような普及率の低さはその現れとも言えるだろう。

スキマ時間・スキマ空間のオフィス化

本書で取り上げてきたようにモバイルメディアの発展と普及を考えると、オフィスや自宅、サテライトオフィスではなく、移動中における仕事としての「モバイル型」ないし「モバイルワーク」に、より注目しておく必要があるだろう。なぜなら、こうしたモバイル型テレワーク、モバイルワークは企業においてテレワークの制度がある・なしに関わらず通勤や営業など移動中に半ば必然的に生じるものであり、またそうであるがゆえに管理やマネジメントの対象になりにくく、ワーカーたちによってゲリラ的に行われる、すなわちテレワークにおける日常的な実践あるいは「戦術」として見ることができるからである。

前章で「ひとり空間」について紹介したが、近年、都市におけるさまざまなひとり空間の「オフィス化」が進んでいる。例えば、第一興商が展開するカラオケボックス「ビッグエコー」は二〇一六年からＮＴＴコミュニケーションズと実証実験をスタートさせ、二〇一七年より首都圏を中心に夕方までの時間で「ビジネスプラン」の提供を始めた。同年九月には対象地域を全国都市部を中心に拡大した。このプランではＷｉ－Ｆｉ、電源タップ、ＨＤＭＩケーブル、卓上ホワイトボードなども無料でレンタルすることができる。同様にカラオケ店を展開する「パセラリゾーツ」も二〇一六年より前述した東急電鉄のシェアオフィス事業「Ｎｅｗ Ｗｏｒｋ」と提携している。このようにカラオケボックスのような個室で、防音されている空間は仕事や会議室としても利用できる。カラオケ店にとっても空室率が高くなりがちな昼間の時間帯の利用率を上げる施策として有効だと考えられている。

またそうした意味では自動車も同様の空間と言える。[9] ＮＴＴドコモによるカーシェア利用者を対象にした調査によると、一二・五％の回答者がカーシェアを移動以外で利用したことがあるとし、仮眠

（休憩）は六四％、友人・家族との電話は四〇％、仕事上の電話は三八％という結果であった。カーシェアを移動以外の目的で使用してみたいという回答は「積極的に利用してみたいと思う」が六・五％、「機会があれば利用してみたいと思う」が三四・八％と合わせて四〇％を上回った。つまり、移動のためにカーシェアを利用するのではなく、周囲と切り離された個別空間を確保するためにカーシェアを利用するニーズが存在することを示している。

自宅やサテライトオフィス以外のカフェなどで仕事をする場合、こうしたパブリック・スペースにおいて取引先との打ち合わせや資料作成、メールの返信などモバイルワークをすることでの情報漏えいのリスクが懸念される。またこうしたスペースで電話やテレビ会議なども難しい。しかし、ここで見てきたようなカラオケボックスや自動車といった空間ではそうした心配はないことがニーズの高まりの背景として挙げられるだろう。逆に言えば、それくらいオフィスの外で仕事をすることは多くなっているということでもある。

他にも、東京メトロは富士ゼロックスと共同し、二〇一八年六月から地下鉄駅において個人用の仕事ブース（ワークブース）を設置し、サテライトオフィスとして利用する実証実験をスタートさせた(10)。駅は通勤や営業、出張などを含めた移動の拠点であり、使用頻度が高いのと同時に、そこでの待ち時間や乗り換えなどで時間が生まれやすい場所でもある。こうした駅を含め、空港や高速道路、ホテル、ショッピングモールなどはアーリの言う移動が生み出す「中間空間」、あるいはオジェが言うメディアやコミュニケーション技術によって抽象化された「非場所」として位置づけられる（Urry 2007=2015; Augé 1995=2017）。モバイルワークはこうした「中間空間」「非場所」をワークプレイスとしてオフィス化を進めていく原動力となっている。

こうした動きはワーカー個人にとって、移動時間も含めて作業やコミュニケーションなど仕事で埋まり、密度が高くなっていくのと同時に、都市においても空いている空間、時間が仕事で埋まることでその密度が高まっていることを示している。日本テレワーク協会はオフィス、自宅以外の働く場所としてここで見たようなカラオケボックスや自動車など「スキマ空間」も含んだ「サードワークプレイス」という概念を提唱している（日本テレワーク協会 2017）。すなわち、「ＡＢＷ（Activity Based Workplace：活動にもとづくワークプレイス）」をオフィス以外にも適用することで、「テレワークは特別な働き方ではなく、その業務タスクを行うことのできる適切な場所がオフィス外であるだけの違いとなる。つまり、テレワークは『特別な人が実施する』のではなく、『業務の生産性向上のために全ての人が実施する』ことが自然になる」（日本テレワーク協会 2017：9）というように、生産性を上げるためにすべての人がテレワークを実施する／できる状態を望ましいとする論理を展開する。

これらは、前章でも述べた都市においてひとりでいられる「ひとり空間」（南後 2018）を「オフィス化」していく動きとも言えるだろう。「ひとり空間」を可能にしているのは、モバイルメディアと常時接続である。人とつながるためのコミュニケーション・メディアであるのと同時に、利用者が自分だけのテリトリーを発生させる「テリトリー・マシン」（藤本 2006）であるモバイルメディアは、利用者の友人や家族、趣味などの日常的なやりとりだけではなく仕事と結びつくことで都市のあらゆる場所の「オフィス化」が拡大したのである。また二〇一八年にリリースされたアプリ「タイミー（Timee）」は学生などが空いていて働きたい時間とお店などが働いてほしいという時間をマッチングさせるサービスである。このように、シェアリング・エコノミーの進展は移動の間や仕事と仕事の間に生じるスキマ時間も細やかに調整することを可能にした。

ここで見てきたように、モバイルワークとシェアリング・エコノミーは都市におけるスキマ時間・スキマ空間をオフィス以外のオフィスとして変容させている。ただし、それは時間や空間が単に「つくり変えられる」のではなく「重ねられて」いると見たほうが正確であろう。ビッグエコーのビジネスプランは夕方までの比較的空室率が高い時間に設定されているとはいえ、カラオケを利用する客とフロアなどが分けられているわけではない。またカーシェアも同様に、ビジネス用の自動車ではないし、駅もオフィスにつくり変えられるわけではない。そういった意味では、これらのサービスや使い方は、その空間をすぐに置き換え可能であったり、他の用途と重ねるように、並行して使用される時間や空間を生み出していると言えるのである。

3・3　ノマドというワークスタイル

「ノマド」ブーム

ここまではテレワークを中心に、モバイルワークが主に政策や企業の取り組みからどのように取り入れられていったか、また都市にどのように織り込まれていったか、について見てきた。テレワークの普及率を見ると徐々に増えてきているもののまだ十分に浸透しているとは言い難い状況である。その理由としては企業において、成果をどのように評価するかなどの人事制度、勤怠管理も含めたマネージャーの対応やマネジメント、テクノロジー導入のコスト、さらには職場の風土などさまざまな要因が考えられる。しかし、リモートワークが実現しようとする時間や場所にとらわれない働き方というコンセプトは、オフィスへの通勤や残業などに苦しんでいるワーカーたちにとっては魅力的に映るだろう。ここでは働き手であるワーカーに注目してみよう。

日本では二〇〇八年のリーマン・ショック後の不況と経済のグローバル化の進展によって、これまでの年功序列、終身雇用に代表されるような「普通に働く」ことが難しくなるかもしれないという不安が増大した。二〇一一年の東日本大震災の際には、東京では多くの帰宅難民が発生し、また原子力発電・放射能の問題など東京一極集中や社会インフラへの不信が高まった。これらを背景に日本では二〇一〇年前後から、新たなワークスタイルとして注目されたのが「ノマドワーク」である。

「ノマド（Nomad）」はもともと遊牧民を指す言葉であるが、メディア論の文脈では一九九〇年代にケータイを片手に都市を回遊する人々を指す言葉として用いられた。仕事や働き方の文脈になるとそれよりも早く、一九八九年に建築家の黒川紀章が『ノマドの時代』を出版し、人材と情報が集中する「オアシス」としての都市の内部や間を情報機器を片手に移動する新たな「新遊牧民騎馬民族」としての「ノマド」の時代を予想した。また海外においては一九九七年に牧本・マナーズ（Makimoto, T. and Manners, D.）が『デジタル遊牧民』を出版した。これらは未来予測であったが、そうしたワークスタイルが実際に目に見える形となり、人口に膾炙するようになったのは二〇一〇年前後である。この時期にフリーランスのデザイナーやプログラマー、ライターなどインターネットとモバイルメディアを駆使し、固定的なオフィス・場所を必ずしも必要としないワークスタイルを指す言葉として用いられるようになった。

ワークスタイルとしてのノマドに言及する書籍は二〇〇九年に出版された佐々木俊尚の『仕事するのにオフィスはいらない』を皮切りに、徐々に増え始め、二〇一二年には、本田直之『ノマドライフ』、四角大輔『自由で在り続けるために20代で捨てるべき50のこと』、立花岳志『ノマドワーカーという生き方』が、二〇一三年には安藤美冬『冒険に出よう』、米田智彦『僕らの時代のライフデザイン』など企業などに所属することなく、自由に働くというノマド的なワークスタイルの実践者たちの書籍が相次いで出版され、それに関する特集、関連イベントなども多く見られた（図表3・4参照）。

これらの書籍で語られるノマドの原イメージは、アタリ（Attali, J.）の指摘を源流として用いられることが多い。アタリは二一世紀にはグローバル化のさらなる進展やモバイルメディアの普及などによって、国境も関係なく移動する人、すなわち「ノマド」の増加を予想した。こうしたノマドは「ハイパーノマド」「バーチャルノマド」「下層ノマド」の三つに分けられるとしている。「ハイパーノマド」は世界的に活躍できる実業家、芸術家、スポーツマンなどの層である。一方、「下層ノマド」は出稼ぎ労働者など生活のために移動しなければならない層を指す。これらに対して「バーチャルノマド」は実際には定住民であり、ネットを通じて世界とつながりつつ、生活をする中産階級を指している（Attali 2006=2008）。

それでは、こうしたアタリの指摘を踏まえつつ、二〇一〇年前後からノマド論を提唱した実践者たちはノマドライフをどのように位置づけているか。例えば、本田直之は自身のノマドライフについて次のように語っている。

著者	出版年	タイトル	出版社
佐々木俊尚	2009	仕事するのにオフィスはいらない	光文社
中谷健一	2010	「どこでもオフィス」仕事術―効率・集中・アイデアを生む「ノマドワーキング」	ダイヤモンド社
小山健介	2010	クラウドHACKS!―同期と共有でラクチン・ノマドワークスタイル	東洋経済新報社
上田渉	2010	ノマド出張仕事術―1時間のプチ移動から本格出張まで	実業之日本社
和久井海十	2010	iPadノマド仕事術	サンマーク出版
高城剛	2011	私の名前は、高城剛。住所不定、職業不明	マガジンハウス
美崎栄一郎	2011	「書類・手帳・ノート・ノマド」の文具術―楽しんで仕事の効率をあげる！	ダイヤモンド社
大木豊成	2011	社員が出社しなくても仕事が止まらない会社のつくりかた―会社員でもできるノマドワーキング	中経出版
本田直之	2012	ノマドライフ	朝日新聞出版
本田直之	2012	自由な人生のために20代でやっておくべきこと［キャリア編］	幻冬舎文庫
四角大輔	2012	自由であり続けるために20代で捨てるべき50のこと	サンクチュアリ出版
家入一真	2012	もっと自由に働きたい（U25サバイバル・マニュアル）	ディスカヴァー・トゥエンティワン
伊藤春香（はあちゅう）	2012	自分の強みをつくる（U25サバイバル・マニュアル）	ディスカヴァー・トゥエンティワン
安藤蔓冬	2012	冒険に出よう	ディスカヴァー・トゥエンティワン
須田将啓・田中禎人	2012	やんちゃであれ！（U25サバイバル・マニュアル）	ディスカヴァー・トゥエンティワン
高城剛	2012	モノを捨てよ世界へ出よう	宝島社
立花岳志	2012	ノマドワーカーという生き方	東洋経済新報社
クリス・ギレボー	2012	常識からはみ出す生き方―ノマドワーカーが贈る「仕事と人生のルール」	講談社
リンダ・グラットン	2012	ワーク・シフト	プレジデント社
潮凪洋介	2012	「やらされ感」から脱出して自由に働く54の方法	かんき出版
牛山恭範	2012	クラウド知的仕事術―クラウドで思考を深め、仕事力をアップさせよ！スマホ活用のノマドワーク仕事術	日本能率協会マネジメントセンター
本田直之	2013	新しい働き方	ダイヤモンド社
慎泰俊	2013	未来が変わる働き方―TAKE ACTION	ディスカヴァー・トゥエンティワン
柳内啓司	2013	人生が変わる2枚目の名刺―パラレルキャリアという生き方	クロスメディア・パブリッシング
原尻淳一・千葉智之	2013	「キャリア未来地図」の描き方	ダイヤモンド社
常見陽平	2013	自由な働き方をつくる「食えるノマド」の仕草術	日本実業出版社
井口晃	2013	パワーノマド思考	経済界
大石哲之	2013	ノマド化する時代	ディスカヴァー・トゥエンティワン
伊勢隆一郎	2013	お金と時間と場所に縛られず、僕らは自由に働くことができる。	フォレスト出版
山口揚平	2013	そろそろ会社辞めようかなと思っている人に、一人でも食べていける知識をシェアしようじゃないか	アスキー・メディアワークス
イケダハヤト	2013	旗を立てて生きる―「ハチロク世代」の働き方マニュフェスト（就職しないで生きるには21）	晶文社
成瀬勇輝	2013	自分の仕事をつくる旅	ディスカヴァー・トゥエンティワン
米田智彦	2013	僕らの時代のライフデザイン―自分でつくる自由でしなやかな働き方・暮らし方	ダイヤモンド社
谷本真由美	2013	ノマドと社畜―ポスト3.11の働き方を真剣に考える	朝日出版社
佐藤達郎	2014	社畜もフリーもイヤな僕たちが目指す第三の働き方	あさ出版
立花岳志	2014	サラリーマンだけが知らない好きなことだけして食っていくための29の方法	大和書房

図表3・4　ノマドワークに関する主な出版物（2009～2014、筆者作成）

仕事と遊びの垣根のない、世界中どこでも収入を得られるノマドビジネスを構築し、二ヶ所以上を移動しながら、快適な場所で生活と仕事をすることで、クリエイティビティや効率性、至高の柔軟性が向上し、それがいいスパイラルになるライフスタイル。これがわたしにとっての「ノマドライフ」です。（本田 2012: 6）

実際、本田は東京とハワイを往復しながらコンサルタントや投資家として働いており、こうした本田のノマドライフはアタリの言うハイパーノマドのライフスタイルと言えるだろう。しかし、同時に本田に限らず、二〇一〇年前後のノマド実践者たちが主張するノマド的なワークスタイルは、働き方だけに限らずライフスタイルとも言える点は留意しておく必要がある。すなわち、それぞれが主張するようなワークスタイルを実践するためにノマド的なライフスタイルを送り、逆にそうしたライフスタイルを送るためにノマド的なワークスタイルを実践しているとも言えるのである。

二〇一〇年代におけるノマドブームを支えたのは、こうした世界を股にかけて働くというハイパーノマド、あるいはノマド的なライフスタイルを送りたいというあこがれというよりも、より自由に時間を使いたい、場所を自由に選んで働きたい、といった自由なワークスタイルへの希求であった。それは裏を返せば、オフィスでの時間と場所、そして仕事に縛られながら働くというワークスタイルへの不信の現れでもあった。

それでは、実際にノマドワーカーたちはどのように働いているのか。二〇一四年に日本経営協会が発行した『ノマドワーカーの働き方実態調査報告』によると、年齢層では四〇代が三六・四％、五〇代が三五・六％とこの二つの年齢層で七〇％以上を占め、三九歳以下は一六・九％であった。仕事内容として最も多かったのが「執筆（ライター）」が二三・三％、次いで「デザイン、グラフィックデザイン」が一九・五％であった。それ以外は一〇％以下であったが、「その他」が三七・七％を占めるなど、多種多様であることが示されている。普段仕事をしている場所については「自宅」が八三・五％、次いで「クライアント先」が三二・二％となっている。ここから積極的に外に移動しつつ働くというよりも、会社やオフィスでは「ない」ということが重要視されていることが見えてくる。そして、今の働き方を選んだきっかけについては「自分の能力やスキルがより活かされると考えたので」が五六・四％と最も多く、「仕事そのものにやりがいを感じたので」が四七％、「働く場所や時間に拘束される働き方に魅力を感じなくなったので」が四五・八％と続いている。また働くうえで重視していることは「自分らしく働くこと」が七〇・三％が最も多く、次いで「専門能力・専門性を発揮して働くこと」が六三・一％となっている。

これらのことから自らのスキルや専門性を活かして場所や時間に拘束されずに働くことを望む姿が見えてくる。しかし、二〇代の若者を中心にカフェやコワーキングスペースなどで働くというイメージとは少し異なっていることも浮かび上がってくる。確かにノマド的なワークスタイルを実践する若者は増えてきたものの、二〇一〇年前後からメディアで叫ばれているほどまとまったボリュームとしては存在していないことが示唆される。

「ノマド・ブーム」の背景

会社に縛られず、自分らしく、自由に働くという「新しいワークスタイル」を模索するブームには一九七〇年代の「脱サラ・ブーム」以降、若者を中心とした動きとなる一九九〇年前後から、大きく三つの波が見られる。

一九八七年に「フリーター」が流行語となったことを皮切りに、一九九〇年前後に「フリーター・ブーム」が起こった。一九八二年にリクルートから「フリーター」現象を生み出したとされる『フロム・エー（From A）』が創刊され（一九八九年には週刊から『From A to Z』と合わせ週二回発行）、一九八六年には『日刊アルバイトニュース』から改名した『アン（an）』が刊行されるなど、アルバイトを探すためのアルバイト情報誌が増加した。バブル経済の時期で、求人が多くある中で、こうしたアルバイト情報をもとにアルバイトで稼ぎながら自分の「やりたいこと」を探したり、続けたりするというライフスタイルがもてはやされた時代であった。

バブル崩壊を経て、二〇〇〇年前後に起こった「ベンチャーブーム」は「ITバブル」と言われているように、インターネットの発展・普及と密接に関連していた。SOHOのように、自宅や小さなオフィスからインターネットを活用して起業することが可能になった。すなわち、PCとインターネットによってSOHOとオフィス、オフィスと顧客などが直接接続され、ビジネスにつながったことでオフィス以外で働くことが可能になった。二〇〇〇年代初頭にはすでに「ITバブル」は崩壊したものの、近年では再びスタートアップの盛り上がりなど起業への注目が集まっている。

では三つ目として挙げられる二〇一〇年以降に見られる「ノマド・ブーム」はメディアとの関連か

らどのように捉えられるか。

「ノマド・ブーム」がこれまでのブームと異なっているのは、経済状況や社会状況に加えて、モバイルメディア、ソーシャルメディアなど、アタリの言う「オブジェ・ノマド」に支えられている点であろう。二〇一二年前後に二〇～三〇代の若者たちはおおよそ一九八〇～九〇年代生まれでケータイがない時代を体験していないデジタル・ネイティブたちである。

こうしたデジタル・ネイティブ世代は二〇〇〇年代半ばから二〇一〇年代にかけて普及したソーシャルメディアとスマートフォンを利用する中心世代であった。また二〇〇八年にはアップルから当時「世界最薄のノートブック」としてＭａｃＢｏｏｋ ａｉｒが発売され、ＰＣも本格的にモバイル化していった。スターバックス・コーヒーが日本で全国展開を本格化し、そこでノマドワーカーたちの働く姿が多く見られるようになったのも二〇〇〇年以降である。それ以降もこれら「オブジェ・ノマド」を支えるべく、公衆無線ＬＡＮ、Ｗｉ‐Ｆｉを提供するカフェなどオフィスや自宅以外でのインターネットの整備と高速化、またドロップボックス（Dropbox）やエバーノート（Evernote）といったクラウドサービスの普及も進んだ。

このようにノマドワーク（ワーカー）がブームとなった背景は、確かに前述したような既存のワークスタイルそのものへの不安や不信もあるが、それと同時にモバイルメディア、ソーシャルメディアの発展と普及と密接に関わっていた。

こうしたモバイルメディアは一九九〇年代半ば以降若者たちの間で普及していったケータイが、自分のプライベートを形成する「テリトリーマシン（居場所機械）」として捉えられるのと同様に、場所と場所を接続するだけではなく、オフィス以外のあらゆる場所、さらには移動中に至るまで「いま・ここ」を一時的なワークプレイスとして発生させるテクノロジーと言える。言い換えると、ワーカーたちは文字通りワークプレイスを持ち運ぶ（モバイルする）ようになったのである。

ノマドは、ブームとしてはノマド的なワークスタイルそのものを生業とした実践者たちが目立つが、そうしたフリーランスとして独立した・しようとした人だけではなく、むしろテレワークを含めたリモートワークにおけるひとつの「ハック」として企業に雇用されているワーカーたちにも受け入れられていった。

エリオット（Elliot, A.）とアーリはこうしたモビリティの高まりについて、「『移動の途上にあり続けること』は、欲望、差異、他性、異国風のもの、豊かさ、といったものの新しい可能性を開くモビリティと結びつく中で、魅惑的でスタイリッシュな人生戦略として、ますます魅力を持つのである。また同時に、違う見方をすれば、それにより『動けなくなること』の恐怖が弱められるのである」と指摘している（Elliot and Urry 2010=2016: 110）。

前述したように二〇一〇年代はテレワークの推進についてKPIが設定されるなど、テレワークを国策として推進している時期であったものの企業において導入は十分に進んでいない状況であった。しかし、ここで見てきたように、モバイルメディア、ソーシャルメディアなど「オブジェ・ノマド」は個人のものとしても普及したことによって、テレワークという企業における働き方を多様化するアプローチのひとつとしてだけではなく、企業に勤めるのではない働き方を実現するアプローチとしてのノマドワークも成立させていったことが分かる。

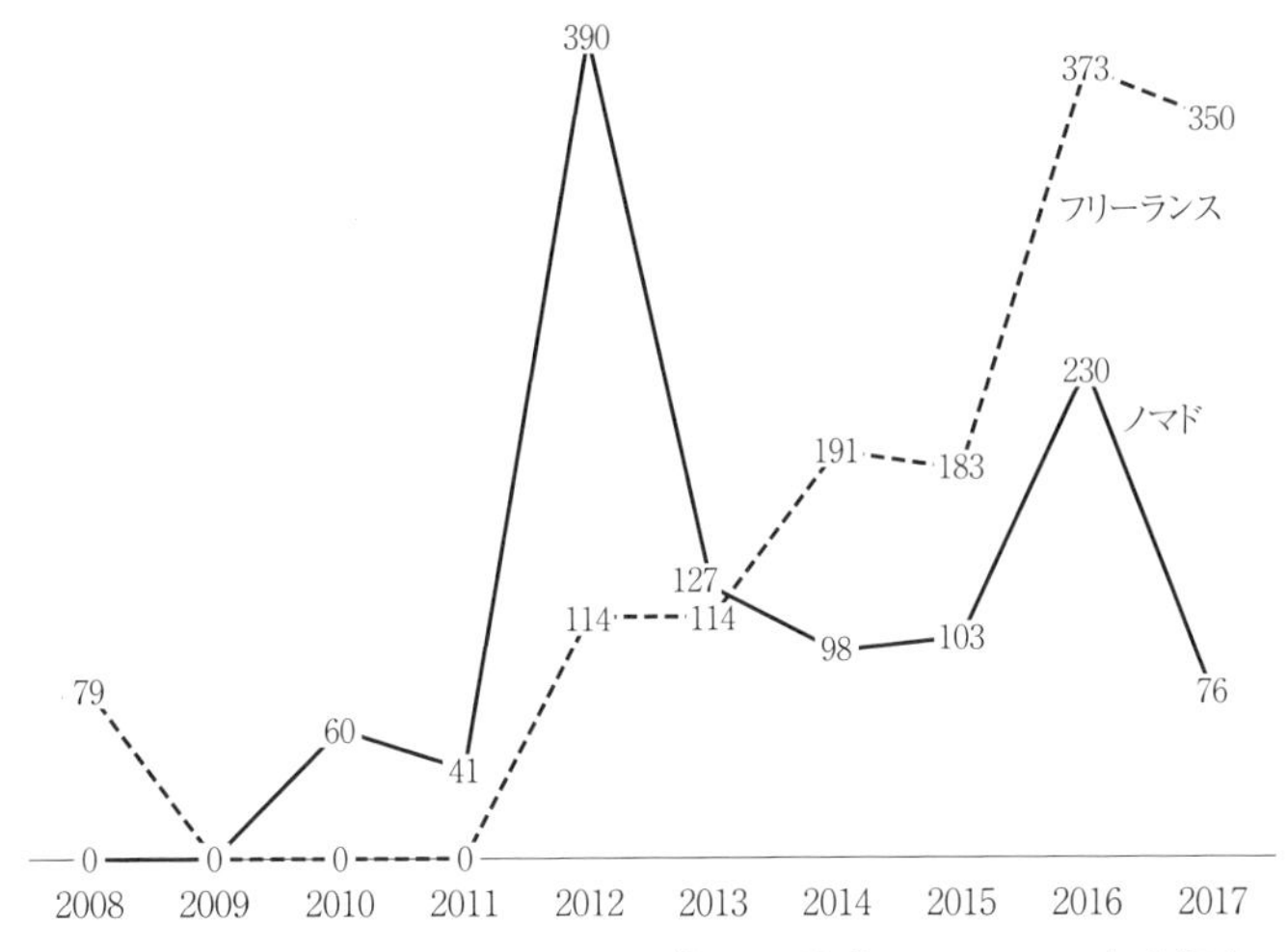

図表3・5　Google トレンドにおける「ノマド」「フリーランス」人気度の推移（2008-2017）（筆者作成）[11]

フリーランスという生き方

図表3・5が示すように、「ノマド」への注目は二〇一二年を境にピークアウトし、ブームを示す言葉として受け取られるようになった。それに替わり、二〇一〇年代後半、とりわけ働き方改革が叫ばれだした二〇一六年を境に増えてきたのが「フリーランス」である。フリーランス自体はこれまでもありえた働き方である。例えば、グランガー（Granger）らはフリーランスの編集者と校正係を対象とした研究でフリーランスの分類を試みている。その結果、フリーランスは以下の四つに分けられるという。すなわち、レイオフの結果フリーランスになった「避難民（refugees）」、企業内のさまざまな慣習に嫌気が差し、自分の意志でフリーランスになった「伝道師（missionaries）」、仕事以外の義務や願望（子育てや介護、田舎風のライフスタイルなど）に応じるためにフリーランスになった

「トレード・オフ（trade-offs）」、最初は避難民だったが、フリーランスの良さに気付いた「改宗者（converts）」である（Granger 1995）。

このように、フリーランスになるのはレイオフや企業の環境に合わなかった、家族などプライベートの環境変化などさまざまな理由がある。フリーランスはアメリカではすでに一般的とも言ってよいほど浸透している。フリーランスについての報告書である『アメリカにおけるフリーランス二〇一八（Freelancing in America 2018）』によると、アメリカでのフリーランス人口は五六七〇万人と労働者の三分の一を超えており、一八―三四歳世代の四二％がフリーランスであった。フリーランスは今後も増加傾向にあり、二〇二七年にはフリーランス人口が非フリーランス人口を逆転するという[12]。

では日本におけるフリーランスの状況はどうか。『フリーランス白書二〇一八』によると、フリーランスとは「特定の企業や団体、組織に専従しない独立した形態で、自身の専門知識やスキルを提供して対価を得る人」である。そしてフリーランスは雇用関係を持たない独立系フリーランスと雇用関係を持つ副業系フリーランスとに分類される。独立系フリーランスには法人を持つ経営者、個人事業主、定年退職者や主婦、学生などのすきまワーカーが含まれ、副業系フリーランスには雇用関係を持ったまま起業する人、他の組織や企業などと契約する人、二社以上に雇用される人が含まれる。またランサーズによる『フリーランス実態調査二〇一八年』ではフリーランスを「副業系すきまワーカー」「複業系パラレルワーカー」「自由業系フリーワーカー」「自営業系独立オーナー」と四つに分類している[13]。日本におけるフリーランス人口は一一一九万人（労働力人口比率一七％）と推計されており、調査を開始した二〇一五年における九一三万人（労働力人口比率一四％）と比較すると約二〇〇万人増加している。

さらにフリーランスのモチベーションについて、『フリーランス実態調査二〇一八年』によると、「時間や場所に縛られず、自由で柔軟な生活ができる」が四四％で最も多く、「生活費や家計費の補助ができる」（三六％）、「自分の将来を自分で決めることができる」（三三％）を上回った。また満足の理由は「自分の能力を生かせていると感じる」（五七％）が最も多く、「収入が増えた」（三三％）、「ワーク・ライフ・バランスが良くなった」（三一％）を上回っている。一方で障壁と感じるものへの回答は「収入がなかなか安定しない」が四五％で最も多く、「社会的信用を得るのが難しい」（一七％）、「仕事がなかなか見つからない」（一六％）を大きく上回っている。

こうしたデータから示されるように、フリーランスは収入の面では不安を抱えるものの、時間や場所の自由度がモチベーションとなり、そうした自由度は自分の能力を活かせていることにつながっていると認識していることが分かる。そういった意味で、フリーランスはノマドワーカーと類似していると見ることができる。

一方でフリーランスの定義でも示されているように、フリーランスは独立している人だけではなく、企業で社員として働きながら並行的に仕事をする人も含んでいる。彼ら彼女らは社員として働きつつ、自分の専門性を活かして収入として補助的に、あるいはやりがいや趣味的に働いている。それまでも非営利ではプロボノなどの活動があったが、近年では副業・複業解禁が進んだことによる副業・複業フリーランスの増加が背景にあると考えられる。このように、フリーランスは副業・複業と結びつくことで、個人のキャリアにおいて、「チャレンジ（専門性、やりがい、生きがい）」と「メンテナンス

（フリーランスになることで家事や介護の維持あるいは副業・複業による収入増加）」を調整する機能を持っていると言えるだろう。

3・4 オフィスの拡張か、拡散か

本章では、まずクリエイティブ・オフィスまでのオフィス・レイアウトの系譜および境界の曖昧化について概観し、メディアによってオフィスを拡張するテレワークについてその歴史的な流れを取り上げた。テレワークが推進されてきたとは言え、その普及率は未だ高くはない。もちろん、生産現場や接客業などテレワークが難しい職種もあることは確かである。しかし、事務、データ処理などテレワークがしやすい職種、また営業、制作などテレワークを含めたモバイルワークが効率性を高める職種も存在する。労働力や優秀な人材確保を考えた場合、テレワークを含めモバイルワークは今後も増加していくと考えられる。例えば、サイボウズではリモートワークを含めて柔軟な働き方を導入したことで、離職率が二〇〇五年の二八%から四%に減少したと言われている[14]。

一方、「モビリティ・イニシアティブ（Mobility Initiative）」を掲げ、二〇〇九年には四〇%もの社員がリモートで働いていた米国ＩＢＭは二〇一七年にオフィス勤務を奨励した。日本でもメルカリなどが同様にリモートワークではなくオフィス勤務を推奨している。これらの企業の特徴は、そもそもＩＴ企業であり、コミュニケーションやデータ処理などでＩＣＴを導入しており、その上でクリエイティブを重視している点であろう。そういった意味では、コラボレーションやコミュニケーションなど対面を重視しているが、ここで言う対面とは「二次的な対面」である。つまり日々の報告や事務処理などにおいてＩＣＴを活用した上で、対面の意義を重視していると言える。携帯電話が登場したがゆえに固定電話という名称が登場したように、今後モバイルワークが増加する中で、モバイルワークではない働き方についての見直しや再定義も行われるだろう。

二〇一〇年代のモバイルワークの特徴は、テレワークのようにオフィスと自宅、サテライトオフィスなど場所と場所をつなげるのではなく、オフィスも含めてどこにいるかという場所を問わず仕事をするワークスタイルであるという点である。オフィス以外の自宅、サテライトオフィス、カフェといった場所だけではなく、本章で見てきたようにカラオケや自動車、駅などの「中間空間」「非場所」「ひとり空間」を使ってのモバイルワークはワークプレイスをより広範囲に拡げることになった。リモートワークは、テレワーク推進に見られるように、企業からすると多様性、労働力を担保しつつ、ワーカーを動員する手法のひとつであり、モバイルメディア、ソーシャルメディアの発展と普及は、個人のスキマ時間や都市のスキマ空間に至るまでワークで埋めることを可能にした。これらはオフィスを拡張する運動であったとも言える。

しかし、それは同時に、企業に雇用されずに働くノマドワーカー、またフリーランスの増加を促したとも言える。ノマドワーカーあるいはフリーランスという働き方はこれまで一方的に企業が持っていた時間や場所に対する権限をワーカーたちが取り戻すための「戦術」とも捉えられる。そういった意味で、リモートワークは働くことにまつわる時間や場所に対する権限を巡る国家、企業とワーカーたちとの一種の「闘争のプロセス」でもある。

モバイルメディアは固定的な時間、空間の象徴としてのオフィス、さらには仕事そのものを細分化し、拡散させていった。また同時に、先にも述べたように空間としてのオフィス、対面での仕事を新たな意味で捉える必要性を生み出した。すなわち、どこでも仕事ができるのであれば、「あえて」オフィスに行く、オフィスで仕事をする、意味は何なのか。前章で見たような二〇〇〇年代以降のクリエイティブ・オフィスもこうした視点で捉えることができるだろう。

第四章では、オフィス以外での働く場所として近年注目されているコワーキングスペースを取り上げる。コワーキングスペースはフリーランスにとっては「オフィス」としてのワークプレイスであり、在宅勤務者にとっては自宅以外でのワークプレイスでもある。また企業にとっては、外部にあるオフィスでもあり、イノベーションのためにそこでのコラボレーションを期待する場でもある。

一方で、「テリトリーマシン」としてのモバイルメディアは「ここ」と「ここでない場所」をつなげ、自分ひとりの「居場所」をつくりだす。例えば、カフェで個別作業する際にモバイルメディアはその場所を個別化し、ひとり空間を生み出す。この場合、サードプレイスとしてのカフェでのコミュニティとの葛藤が生じる。こうした個人の「居場所」としての空間とコミュニティとしての空間との葛藤も踏まえつつ、コワーキングスペースがどのような空間なのか、またそこでのコミュニティマネージャーたちはどのようにコミュニティをつくろうとするのか、をフィールドワークによって描き出していきたい。

（1）worksight, 2017,「いま、オフィスは第四の波を迎えている」、二〇一七年四月一〇日（二〇一八年一〇月二日取得、https://www.worksight.jp/issues/948.html）。

（2）経済産業省（2007）「感性が育ち、創造が始まるクリエイティブ・オフィス」（二〇一八年一〇月二日取得、http://www.meti.go.jp/policy/mono_info_service/mono/consumergoods/downloadfiles/co0310.pdf）。

（3）インスタレーションとは美術などで、空間を展示によって異化させることで、空間そのものを作品とするジャンルを指す。

（4）テレワークセンターはこの後も、国土交通省など主導のもと継続的に実証実験が続けられている。

（5）ＩＴ戦略本部（2007）「ＩＴ新改革戦略政策パッケージ」（二〇一九年四月二〇日取得、https://www.kantei.go.jp/jp/singi/it2/kettei/070405honbun.pdf）

（6）高度情報通信ネットワーク社会推進戦略本部官民データ活用推進戦略会議（2017）「世界最先端ＩＴ国家創造宣言・官民データ活用推進基本計画」（二〇一九年四月二〇日取得、https://www.kantei.go.jp/jp/singi/it2/kettei/pdf/20170530/honbun.pdf）

（7）テレワーク月間実行委員会（2018）「テレワーク月間宣言文」（二〇一九年四月二〇日取得、http://teleworkgekkan.org/about）

（8）原文では「場所や空間にとらわれない」とあるが、「場所や時間にとらわれない」の誤りだと思われるので、ここでは「空間」を「時間」と修正した。

（9）https://release.nikkei.co.jp/attach_file/0467743_04.pdf

（10）二〇一八年一一月には三菱地所とブイキューブがテレワークのためのコミュニケーションブース「テレキューブ」の実証実験をスタートさせた。

（11）グーグルの「ニュース検索」における月ごとの相対人気度（最大一〇〇）を年として加算してプロットしたもの。

（12）https://www.upwork.com/i/freelancing-in-america/2018/

（13）https://www.lancers.co.jp/news/pr/14679/

(14) サイボウズ「ワークスタイル」(二〇一八年一〇月一〇日取得、https://cybozu.co.jp/company/work-style/)。

第四章　コワーキングスペース

二〇一八年五月、「キッチン・テーブル」というアプリがリリースされた。これはフリーランサーやリモートワーカーなどが自宅を一種のコワーキングスペースとして貸す、あるいは借りるための（女性向けの）マッチング・サービスである。「オフィスにはいたくないけれども、オフィスで得られるようなコミュニティの感覚を欲していたのです」[1]と言う創設者のデュプイは、自宅で法律関係の仕事をしていたものの、自宅や近所のカフェには飽きてしまった。しかしながら、ウィーワークなどコワーキングスペースは費用がかさむので自宅をコワーキングスペースにしようと思い、このサービスを始めたという。

テレワーク、リモートワークが広がると、オフィスで感じるさまざまな煩わしさから自由になることは確かだが、同時に誰かと一緒にいる、あるいはコミュニティに所属しているという感覚が弱くなり、孤独に陥りやすいということはこれまでも指摘されてきた。かつてのカフェや近年のコワーキングスペースはひとりで仕事をするワーカーたちが孤独感を解消するために利用している部分も大きい。本章ではオフィスでもなく、自宅でもないワークプレイスとして、コワーキングスペースに注目する。

コワーキングスペースがどのように登場したのか、またそこで期待される、あるいは形成されるコミュニティはどのようなものなのか、そしてそれが「場所」として都市とどのような関係性を持つのか、について見ていきたい。

4・1　コワーキングスペースの登場

その定義とはじまり

ジョンズ（Johns, T.）とグラットン（Gratton, L.）はインターネットによるワークスタイルの変容を、①ＰＣや電子メールの利用による一九八〇年代の「バーチャル・フリーランス」、②ＢＣＰを意識したリモートワーク導入による二〇〇〇年代の「バーチャル社員」、③コミュニティを意識したコワーキングスペース形成・活用を中心とする二〇一〇年代の「バーチャル・コワーカー」、の「三つの波」として説明している（Johns and Gratton 2013）。前章でも見たように、二〇一〇年代にはリモートワークが増加し、ノマドワーカー、フリーランスといった働き方も見られるようになった。こうしたワーカーたちは時間と場所にとらわれずに働くことに価値を置くが、自由さと引き換えに孤独や安心感のなさなども引き受けることになったのである。そうしたワーカーたちが集まり、コミュニティを形成する場所としてコワーキングスペースに注目が集まるようになった。

コワーキングスペースはどのように定義されるのか。コワーキング協同組合が二〇一四年に発行した『コワーキングマガジン』によると、コワーキングとは「個別に仕事を持つ人たちが、働く場所

（環境）を同じくしつつ、コミュニケーションを図りながら互いに情報や知見を共有し、時に共同パートナーとして貢献しあう概念およびそのための施設」（コワーキングマガジン舎 2014）としている。またコワーキング・ウィキ（Coworking Wiki）によると、コワーキングは「独立した専門家や柔軟なワークプレイスで働ける専門職が単独よりも、よりよく働くこと」であり、コワーキングスペースは「コミュニティ形成と持続性に関わるものであり、参加者はこのムーブメントの創始者が打ち出した価値観を支持し、お互いに交流し、シェアすることに同意する」ものであるとしている。その結果、私たちは「よりよい職場（better places to work）」をつくり、それは結果として、「より良い働き方（better way to work）」をつくりだすことになる、という[2]。また宇田忠司はコワーキングを「働く個人がある場に集い、コミュニケーションを通じて情報や知恵を共有し、状況に応じて協同しながら価値を創出していく働き方」と規定している（宇田 2013）。

これらの定義から見られるように、コワーキングスペースを特徴づけるポイントとしては、「（働く個人」と「（情報や知識の）シェア」、そしてそのための「コミュニティ」の三つが挙げられる。そこで本書はコワーキングスペースを「働く個人が、情報や知識、スキルをシェアしながら、コミュニティが形成される空間・場所」と定義する。

こうしたコワーキングが登場してきた背景を見ていきたい。前章でテレワークに近い概念としてSOHOを紹介した。SOHOは、もともと一九九〇年代にニューヨークのSOHO地区に集まったPCやインターネットを活用したビジネスを展開しようとするクリエイターたちのワークスタイルを地区の名前と「Small Office Home Office」とを重ねた名称として登場した。一九九〇年代半ばから日本にも波及し、一種のブームとなった。日本SOHO協会によると、SOHOとは「IT（情報通信技術）を活用して自宅や小規模事業所等で仕事を行う独立自営型就労」であるとされている。[3]

SOHOで言うホームオフィス（Home Office）は特段新しいものではない。日本でも作家や画家など「家」業、また会計士、弁護士といった「士」業などにおいて、自宅で仕事をするという形態は珍しくない。一方、スモールオフィス（Small Office）については特に一九九〇年代半ばから二〇〇〇年前後にかけて登場するIT系ベンチャーなど「スタートアップ」あるいは「起業」と結びつけて語られた。一九九〇年代末の日本ではITバブルを背景に多くのITベンチャーが立ち上がり、その中から楽天、ヤフー・ジャパン（Yahoo! Japan）、サイバーエージェントなどが企業として巨大化していった時代であった。これらのITベンチャーも一部の成功し、大企業となったもの以外は依然としてチャンスを求める小さなスタートアップ企業であり、そのためオフィスに関してもそれぞれがオフィスビルを構えるほどの規模ではなかった。そのため、これらのITベンチャーはひとつのフロアをいくつかのベンチャーでシェアするというシェア・オフィスの形態を取ることが多かった。

二〇〇〇年代以降、こうしたSOHO、シェア・オフィスの延長線上にコワーキングスペースが登場した。コワーキングスペースは、一九九五年にベルリンでハッカースペースとして設立された「シー・ベース（C-base）」が嚆矢とされているが、現代的な意味では二〇〇五年にアメリカ・サンフランシスコの技術者ニューバーグ（Neuberg, B.）らが集まって仕事をした「スパイラル・ミューズ（Spiral Muse）」（後の「ハット・ファクトリー（Hat Factory）」）という施設がその始まりと言われている。ニューバーグは二〇〇五年八月に自身のブログで次のように述べている。

もし私たちが伝統的な九〜五時の企業に勤めているのであれば、そこでコミュニティと組織を手にすることができるが、自由と自分自身の人生をコントロールすることができなくなる。一方で、もし自宅で仕事をしているのであれば、独立を得ることができるが、孤独や、仕事のコミュニティ（work community）に属していないことによる悪習に苦しむ。コワーキングはこうした問題への解決である。コワーキングでは、独立した作家やプログラマー、クリエイターなどが一週間のうち数日、ひとつのコミュニティとして集まる。コワーキングは伝統的な企業のようなオフィスを提供するが、それは特別なやり方で、である。[4]

ここからも分かるように、コワーキングは個人で仕事をするメリットとしての自由さや柔軟さを確保しつつ、それと同時に課題となる孤独を一時的なコミュニティをつくることで解消する、いわばオフィスと在宅の良いとこ取りをするための工夫であった。当時の募集ウェブページによると、ニューバーグたちは月曜日と火曜日の朝九時から夕方五時四五分まで「スパイラル・ミューズ」で仕事をしており、そこで（空間をシェアするという意味において）一緒に働く仲間を募集していた。つまり、共同作業というよりも空間のシェア、それも単に空間をシェアするだけでもない、ひとつのコミュニティを形成する場に参加してくれるという意味で「一緒に働く仲間」を募集していた。

ここから分かるように、コワーキングスペースは当初からコミュニティをキーワードに、仕事をする場所と位置づけることができ、コミュニティというよりもオフィスより小規模という意味でのSO

HO、シェア・オフィスと区別することができる。これ以降、サンフランシスコにはハット・ファクトリーやシチズン・スペース（Citizen Space）などプログラマーを始めとしてIT系のフリーランスたちが働くコワーキングスペースが次々に設立されていった。

こうした動きはニューヨークのニュー・ワーク・シティー（New Work City）、シアトルのオフィス・ノマド（Office Nomads）などアメリカ全土に広がっていき、二〇一〇年前後からは神戸のカフーツ（Cahootz）、東京のパックス・コワーキング（PAX Coworking）、大阪のジューソー（十三）・コワーキング（Juso Coworking）など日本にも浸透していった。

デスクマグ（Deskmag）のコワーキングスペースについての調査によると、コワーキングスペースの数は二〇一一年の時点で一一三〇だったものが年々増加し、二〇一七年では一万五五〇〇となった。それに伴ってメンバー数も二〇一一年で四万三〇〇〇人から二〇一七年には一二七万人と一〇〇万人を超すまでになっている（図表4・1参照）。またメンバーの三二％が一年のうち少なくとも三週間は海外で仕事をすると回答しており、そのうち四四％（全体の一四％）が自らを「デジタル・ノマド」と回答している。(5)

また日本においても、CBREが二〇一八年に発表した『コワーキングオフィス―新たな働き方のプラットフォーム』によると、東京二三区でのコワーキングスペースは二〇一〇年前後から増加し始めており、二〇一八年九月時点で三四六拠点、東京二三区の賃貸オフィス成約面積に対する、コワーキングオフィスの開設面積の割合では二〇一八年上半期時点で七・九％を占めるまでになっている。(6)

二〇一八年にバッファー（buffer）が発表した『リモートワークレポート二〇一八（State of Remote

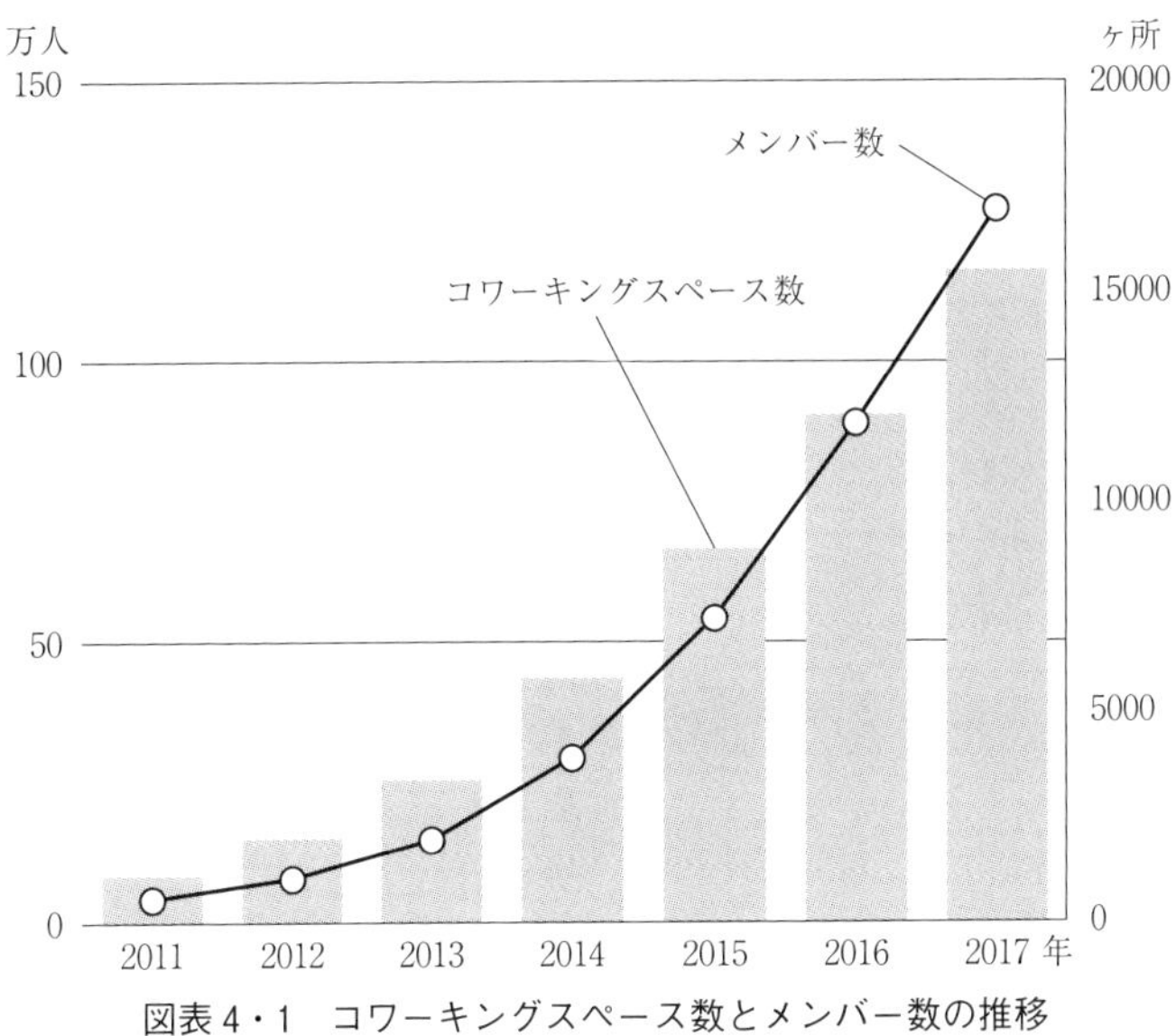

図表4・1　コワーキングスペース数とメンバー数の推移
出典：Deskmag（2015, 2018）より筆者作成

Work 2018)』によると、リモートワークで抱える問題は「孤独」と「コラボレーション／コミュニケーション」という回答がどちらも二一％、「自宅での気分転換」が一六％、「モチベーション」が一四％、「時差との調整」が一三％であった。また同時に、リモートワーカーに対して「どこで主に仕事をするか」という質問に対して、「自宅」が七八％、「オフィス」が九％、カフェが五％、コワーキングスペースが七％という結果であった。二〇一〇年以降コワーキングスペース、メンバーが増加しているとはいえ、主な仕事場ではない(7)。

これらが示すのは、リモートワーカーにとってコワーキングスペースで仕事をするのは一時的なものということである。しかしそれと同時に、孤独やコラボレーション、コミュニケーションの欠如を解消するための場所でもある。コワーキングスペースは自宅でもないが、オフィスでもない場所、すなわちオルデンバーグが言う、インフォーマルでもありパブリックでもある「サードプレイス」と位置づけられるだろう。このようなコワーキングスペースにおけるコミュニティはどのように位置づけられるのか。

コミュニティへの注目

二〇一〇年以降、世界中でコワーキングスペースが広がっていくにつれて、コワーキングスペースについての研究も見られるようになった。これらの多くはコワーキングスペースが登場した背景としてインターネットやモバイルメディアの発展と普及によって、ビジネスのグローバル化が進展し、イノベーションとクリエイティビティが多くの企業で求められだしたこと、またシェアリング・エコノミーが発展してきたという社会変化を挙げ、それに伴って個人レベルでは、リモートワークなどオフィス以外での働き方の増加、フリーランスなど企業に属して働くことに対する意識の変化によるものとして捉えている。これらのコワーキングスペース研究における最大の関心事はコラボレーションとそれを起こすコミュニティである（Buksh & Davidson 2013; Capdevila 2014a, b; Merkel 2015; Spinuzzi, Bodrozic, Scaratti *et al.* 2108など）。

比較的初期の研究として挙げられるキワコフスキ（Kwiatkowski, A.）とブシザンスキ（Buczynski, B.）はコワーキングを「空間触媒（Space Catalyst）」と位置づけ、コワーキングスペースが提供するコミュニティがフリーランサーやリモートワーカーたちの肉体的、感情的、精神的な拠り所になっていることを指摘した（Kwiatkowski and Buczynski 2011a）。スピナジー（Spinuzzi, C.）はコワーキングを「個別に一緒に働く（working alone, together）」と表現し、エンゲストローム（Engeström, Y.）の活動理論にもとづいて分析し、コワーキングスペースを「良き隣人と良きパートナーの構成だけではなく、一定の空間における活動をネットワーク化しようとする可能性のある構成を含む上位概念」と位置づけている（Spinuzzi 2012）。

こうしたコワーキングスペースにおけるコミュニティは単一のものではなく、その機能からいくつかに分類される。例えば、カプデビラ（Capdevila, I.）はコワーキングスペースの機能を「利便性のシェア（Convinience Sharing）」と「コミュニティ形成（Community Building）」に分類した（Capdevila 2014a）。さらにカスティージョとクアンド（Castilho, M. F. and Quandt, C. O.）はコワーキングスペースでの調査から、「利便性のシェア」には「知識をシェア可能にすること」と「効果的な企画・実行のために集合的アクションを支援する」の次元が、また「コミュニティ形成」には「個人のアクションを集合的なものに拡張していく」と「クリエイティブ領域の拡張」の次元が含まれると指摘した（Castilho and Quandt 2017）。パリノ（Parrino, L.）はコワーキングスペースでのコラボレーション、知識交換にはコワーカーたちがその場に居合わせる「コプレゼンス（Co-presense）」が重要であると指摘した（Parrino 2015）。

またコホ（Kojo, I.）とネノネン（Nenonen, S.）は、フィンランドにおけるコワーキングスペースの調査から、コワーキングスペースをビジネスモデル（営利・非営利）と利用者のアクセス（公的、半公的：semi-public、私的）によって、①パブリック・オフィス、②サードプレイス、③コラボレーション・ハブ、④コワーキング・ホテル、⑤インキュベーター、⑥シェアド・スタジオ、の六つに分類し

	Public	Semi-public	Private
非営利	パブリック・オフィス	コラボレーション・ハブ	インキュベーター
営利	サードプレイス	コワーキング・ホテル	シェアド・スタジオ

図表4・2　コホとネノネン（2016）によるコワーキングスペースの分類

	ゲゼルシャフト的コミュニティ	コラボラティブ・コミュニティ
構造 分業体制	支配的なアクター（オーナーや企業）が知識創造から不均衡に利益を得る。	知識創造に参加した人たちが均等にそれで得た利益を分け合う。
コワーカーとマネージャーの関係性	市場にもとづいたサービス契約	相互依存的な関係
コワーカー同士の関係性	（支配的なアクターの価値にもとづいた）制度的 または （支配的なアクターによって解釈された商業的利益にもとづいた）取引的	共通のプロジェクト目標への成員の関心にもとづいてネットワーク化された

図表4・3　スピナジーら（2018）によるコワーキングスペースにおけるコミュニティの概念分類

ている（Kojo and Nenonen 2016）（図表4・2参照）。

アドラー（Adler, P. S.）とヘックシャー（Heckscher, C.）はゲゼルシャフト、ゲマインシャフト、コラボラティブを軸にしたコワーキングスペースにおけるコミュニティの分類を行った（Adler and Heckscher 2007）。そもそもゲゼルシャフトとゲマインシャフトは社会学者テンニース（Tönnies, F.）による用語である。ゲゼルシャフトとは利益や目的、関心など個人の意思選択（選択意思）にもとづいたコミュニティであり、一方、ゲマインシャフトは地縁や血縁にもとづいた本質意思によるコミュニティを指す(8)。近代化が進むに連れて、村落などで見られたゲマインシャフトから「都市的」とも言えるゲゼルシャフトに移行すると捉えられる。

スピナジーらは、アドラーとヘックシャー

の分類を踏まえつつも、コワーキングは後発的に形成された組織であり、ゲマインシャフト的な成り立ちではないとして**図表4・3**のように整理した（Spinuzzi *et al.* 2018）。

ではコワーキングスペースのメンバーたちはどのようにコミュニティの感覚を持つのか。ギャレット（Garrett, L. E.）らはコワーキングスペースのメンバーが「コミュニティの感覚（Sense of Community）」を持つためには、コワーキングスペースのメンバーがコミュニティを持つという目標を相互に感じることでコミュニティを経験する「支持（espousing）」、そのコミュニティの共有された心理的イメージにもとづいてコミュニティを経験する「学習（learning）」、そのコミュニティらしい振る舞いに実際に従事することでコミュニティを経験する「実施（enacting）」の三つの経路を経ることを示した（Garrett *et al.* 2014）。

こうしたコラボラティブ・コミュニティとしてのコワーキングスペースは古くはカフェにおけるコミュニティでも見られた現象であるとも言える。例えば二〇世紀前半の画家、小説家をはじめさまざまな人が集まっていたパリのカフェにおける文化的活動やそこからさまざまな運動や流れがでてきた。飯田美樹はこうしたカフェという場の機能について論じた『ｃａｆé から時代はつくられる』で、「カフェという場は一見公共空間のようではあるが、電車や役所と違ってランダムに何の縁もない人たちが同じ空間に存在しているというわけではない」（飯田 2009: 105）と述べる。カフェに集まる人々は「自分を曲げてまで誰かと迎合したいとは思わないものの、一人で家に閉じこもるのはあまりに孤独で耐えられないような者達」（飯田 2009: 104）であり、「同じ空間で、見えない何かを共有しているという感覚により、孤独を感じることがぐんと少なくなるのである」（飯田 2009: 106）と指摘する。

そしてカフェにおいては「居続けられる自由」、「思想の自由」、「時間的束縛からの自由」、「振る舞いの自由」という四つの自由が享受できるのである。こうした飯田の指摘の多くはその出自としてカフェを前身に持つことも多いコワーキングスペースに対しても当てはめることができるだろう。

4・2　コワーキングスペースにおけるファシリテーションとセレンディピティ

調査の目的と概要

以上で見てきたように、コワーキングスペースに関する先行研究においては、コミュニティとコラボレーションに焦点を当て、どのようなコミュニティが、どのように形成されるかについてさまざまな分類がなされている。こうした中で本書はどこに注目するのか。本書はすでに述べたように、モバイルメディア、ソーシャルメディアによって形成されるセカンド・オフライン的な世界の中で「重なる場所（Superimposed Place）」としてのワークプレイスがどのようなものになるのか、またワーカーたちがそうしたワークプレイスを「表象の空間」としてどのように自分たちのものとして取り戻そうとしているのか、が中心的な検討課題となる。

そこで二〇一三～二〇一八年にかけて、ユトレヒト（二〇一三年九月）、コペンハーゲン（二〇一三年九月）、サンフランシスコ（二〇一五年十一月）、ベルリン（二〇一八年五月）の各都市のコワーキングスペースにおいて、それぞれ少なくとも一日は滞在してそこでのワーカー、マネージャーたちの振る舞いや働きかけについての参与観察を中心にフィールドワークを行った。さらに補助的にワーカー、マネージャーへコミュニティについての半構造化インタビュー（三〇～六〇分）を実施した。

「働き方」およびIT・テクノロジー産業、コワーキングスペースの先進地域であることがこれらの都市を調査地として選定した理由である。ユトレヒトがあるオランダ、コペンハーゲンのあるデンマークは後述するように柔軟な「働き方」に関して先進的で、世界的に注目されている。またサンフランシスコはシリコンバレーを含むIT産業の集積地であり、ベルリンは近年、ヨーロッパにおいてテック系のスタートアップが盛んな都市として知られている。そして両都市ともコワーキングスペース発祥の地であり、その歴史をつくった都市と言える。またオランダ、デンマークも二〇〇〇年代半ばの非常に初期の段階からコワーキングスペースが登場している。

調査目的は、それぞれのコワーキングスペースがどのような「場」として構成されているのか、そしてそれぞれの都市の中でどのように位置づけられるのか、を明らかにすることである。これに加えて、それぞれのフィールドワークの結果を比較しながら、①コワーキングスペースでのコミュニティ形成において、モバイルメディアやソーシャルメディアによるオンラインとオフラインの重ね合わせや相互作用がどのようになされているのか、②コミュニティ・マネージャーなどがどのようにコワーキングスペース、あるいはそこにおけるコミュニティを「空間の表象」としてデザイン、マネジメントしているのか、③一方でワーカーたちがコワーキングスペースを「表象の空間」としてどのように経験しているのか、を検討していく。

シーツ・トゥー・ミート（Seats2meet）：オランダ・ユトレヒト

オランダは一九八〇年代の不況以降、女性の社会進出やワークシェアリングなど働き方の改革が進み、リモートワークを含めたフレキシブル・ワークについての制度や環境も整っていることでも知られる。OECDの「より良い暮らし指標（Better Life Index）」の二〇一七年のデータによると、オランダはOECD加盟国におけるワーク・ライフ・バランスのランキングで一位である[9]（二位は後述するデンマーク、日本は三〇位以下である）。

「シーツ・トゥー・ミート（Seats2meet）」はオランダのユトレヒトで二〇〇七年に創業したコワーキングスペースである。現在では、ユトレヒトを皮切りにアムステルダムなどオランダ国内のみならずオランダ国外にも広がっている。二〇一二年の時点で六〇ヶ所以上、二〇一八年の時点では二〇〇ヶ所以上の拠点があり、これまでに五〇万人以上が利用したといわれる。ユトレヒトの「シーツ・トゥー・ミート」はユトレヒト駅と直結しており、スペースのデザインは統一的というよりも、さまざまなテイストが入り混じっている。「シーツ・トゥー・ミート」の創業者のひとりであるヴァン・デン・ホフ（van den Hoff, R.）はコワーキングスペースにおいて、知識を活用しつつ仕事を行うフリーランスたちを指して知識（Knowledge）とノマド（Nomad）をもじって「Knowmad」と表現した。

コワーキングは新たな価値を生み出す「Knowmad」たちにとって、今も昔も変わらず、典型的な活動のひとつである。さらに、既存の伝統的な社員も次々とコワーキングを始めている。このような協力体制が、生産側も含めたステークホルダーすべてを巻き込んだインフォーマルなネットワークを形成している。これらのグループが出会い、コワーキングを始めた時に、新しい、経済的に持続可能な価値創造が花開くことになる。（van den Hoff 2014: 124）

「シーツ・トゥー・ミート」はコワーキングスペースであるが、物理的な空間だけではなくチェックインや予約システムも含めたシステム全体を指しており、それこそが「シーツ・トゥー・ミート」の特徴であると言える。具体的にはどのようなシステムで、どのように利用するのか。利用者は「シーツ・トゥー・ミート」が提供する予約システムに「ウェブデザイン」や「プロジェクト・マネジメント」など自分のスキルを登録し、コワーキングスペースにチェックインするとｗｉ－ｆｉやランチも含め、スペースを無料で利用できる（しかし、例えばアムステルダムの「シーツ・トゥー・ミート」ではランチやスナックが有料など、拠点によって異なる場合もある）（図表４・４参照）。

入力した情報はウェブ上ではもちろん、受付の横にある「セレンディピティ・マシーン」（Serendipity Machine）と呼ばれるディスプレイにも表示されているので、利用者はそこのスペースに他にどのような利用者がいるのかを見ることができ、また話しかけることもできる。こうした利用形態は「ソーシャル・キャピタル（社会関係資本）での支払い」と表現される。スキルでの支払いではなく、ソーシャル・キャピタルでの支払いという表現は、スキルそのものではなく、それを人に提供したり、交換したりする（信頼関係にもとづく）相互関係への参加が重要視されていることを示している。

「シーツ・トゥー・ミート」にはミーティング・スペース、イベント・スペースなども備えられており、これらのスペースの利用には料金がかかる。イベント・スペースではさまざまなイベントが開催されており、イベントの主催者からすると、「シーツ・トゥー・ミート」に集まっているワーカーたち、そのコミュニティにアクセスできることに価値がある。「シーツ・トゥー・ミート」からする

図表４・４　Seats2meet

と、お金ではなくソーシャル・キャピタルによって集積されたネットワークやコミュニティの価値をイベント主催者に対してお金で交換している、と言える。また近年では、登録者が自宅のリビングや仕事場、またオフィスや施設の一部を他の人にシェアする「シーツ・トゥー・ミート・ローカル（Seats2meet for local）」も開始された。

こうしてみると、「シーツ・トゥー・ミート」の物理的な場所としての価値を高めているのは「いま・ここ」にどのようなスキルを持った利用者がいるのか、がオンライン上で可視化される情報なのである。自分がどのようなスキルを持っているのか、プロジェクトに関わっているのか、などを登録し、それをもとに他の利用者に話しかけてよい、あるいは話しかけられればそれに応じることを「利用料」としていることで、会話や出会いが生まれやすい環境をつくっている。これはコミュニティ・マネージャーがコミュニティをつくるようにワーカーたちに働きかけたり、そのためのイベントを開催することと比較すると、「シーツ・トゥー・ミート」を利用するプロセス自体が会話や出会いを誘発するアフォーダンスになっていると言えるだろう。

また、「シーツ・トゥー・ミート」の利用は、まずインターネットを介してオンラインで登録、予約するという「オンライン・ファースト」になっている。しかしこれは単に登録、予約をするということだけではなく、前述したように「ソーシャル・キャピタル」の提供を通じてオンラインにおけるコミュニティに参加することでもある。そういった意味で、「シーツ・トゥー・ミート」は物理的なコワーキングスペースを運営しているように見えるが、むしろその本質はオンライン・コミュニティにあると言える。そして、コワーキングスペースとしての「シーツ・トゥー・ミート」はそうしたオンライン・コミュニティがオフラインで現前した形態としての空間と位置づけられる。オンライン情報を常に参照したオフラインでの空間が価値づけされ、成立しているという意味で、「シーツ・トゥー・ミート」は非常にセカンド・オフライン的な空間と言えるだろう。

リプブリッケン（Republikken）：デンマーク・コペンハーゲン

「リプブリッケン（Republikken）」は二〇〇五年にデンマークのコペンハーゲンで創業したコワーキングスペースで、世界的に見ても、最も早い時期に設立されたコワーキングスペースのひとつである。

コペンハーゲン中央駅からほど近い場所にある建物の二階に「リブブリッケン」の入り口がある。

　創業者のひとりで、コミュニティ・マネージャーでもあるエミル・S・ペーターソンによると、「リブブリッケン」を創業した背景として、「ラップトップコンピュータの普及で、働く場所を移動できるようになったというのも大きい。ただしオフィスに必要な機械やファシリティをフリーランスが揃えるのは難しい」と答える。入り口は誰もが使える大きなカフェになっており、そこから3Dプリンター、レーザーカッターなどが備え付けられたファブ・スペース、さらにその奥に食堂、入居している企業のオフィスといった空間が広がっている。ひとつの階に広くスペースが取られているというよりも、建物のいくつかのスペースを複雑に入り組んでいる構造になっている。そのためスペースそれぞれの独立性は高く保たれている。利用者はフリーランスだけではなく、比較的小規模のデザイン、建築、広告関係の企業も入居している（図表4・5参照）。

　「リブブリッケン」ではメンバーひとりひとりが快適に仕事できることはもちろんだが、入居しているワーカーたちがコラボレーションしやすいように空間がデザインされている。とりわけランチはコラボレーションのきっかけとして重要視されており、ランチスペースはそれぞれの仕事場の中心に配置されており、アクセスしやすいようにレイアウトされている。ランチスペース以外にもコーヒーメーカーが置かれたり、遊び場になる空間など、そこで人が出会い、おしゃべりを誘発することを狙いとした空間が多く見られるのが特徴と言えるだろう。

　そして、そういった場所でそれぞれがどんな仕事をしているのかなどの話題からワーカーたちをつなげるきっかけをつくったり、そこで知り合った人をフェイスブックで友だちになったり、グループに参加してもらったりなどソーシャルメディアでのつながりを通して、その後、リアルで開催されるパーティーへ誘うなど運営側の「ファシリテーション」も積極的に展開されている。

　このようにオンラインとオフライン双方のシームレスなつながりやコミュニケーションによってネットワーキングを形成していくプロセスをエミルは「ランチ―フェイスブック―パーティー」と表現する。エミルはコワーキングスペースにおけるコラボレーションについて、フェイスブックやリンクトイン（LinkedIn）などソーシャルメディア上だけのコミュニティと比較しつつ、「信用がないと一緒に働くことは難しい。そういった意味で人々が面と向かっての物理的なミーティングというのは重

図表４・５　Republikken

要なんだ」と指摘する。(10)

そういった意味で、「ランチ―フェイスブック―パーティー」は「出会う―つながる―深める」と置き換えられるだろう。また同時に、オンラインでのつながりはオフラインにつながるように、逆にオフラインでのつながりをオンラインでも維持できるように、オンラインとオフラインを切り分けるのではなく、統合されたものとして捉えている。

エミルは「運営側がマネジメントはしない。することといえば、場の提供くらい」とも言うように、それを生み出す場や状況を設定するなどファシリテーションはしつつも、そこでの活動や行為を制御することに対しては慎重な姿勢を見せている。このように「リプブリッケン」ではミートアップイベントを数多く開催するよりも、日常からのコミュニティ形成を重要視していることが窺える。

セレンディピティとファシリテーション

以上、「シーツ・トゥー・ミート」と「リプブリッケン」を取り上げ、そこでのコミュニティ形成について見てきた。

パイン（Pine II, B.J.）とコーン（Korn, K.C.）は、テクノロジーが実現させる感覚について「時間」「空間」「物質」の三軸により三次元的に捉え、リアルとバーチャルが融合した空間を「サード・スペース」と名づけた（Pine and Korn 2011）。「シーツ・トゥー・ミート」は、イノベーションが起こる場として、この「サード・スペース」の提供をビジネスの基本にしている（Olma 2012: 31）。前述したように、「シーツ・トゥー・ミート」は、自分の「ソーシャル・キャピタル」を利用料とし、その情報はスペースの入り口に設置してあるディスプレイで可視化されている。来訪者はどのようなスキルを持った人が今このスペースにいるのかが分かる仕組みになっており、そこで偶然知り合い、ビジネスにつながることもある。このように、ある種、必然的な「セレンディピティ（Serendipity）：偶然性」を生み出す空間、すなわち「セレンディピティ・マシン」としてデザインされているのである（Olma 2012）。

一方で、当然であるが、モバイルメディア、ソーシャルメディアを利用すれば自動的に「セレンディピティ」が生じるわけではない。「リプブリッケン」でのプロセスをエミルが「ランチ―フェイスブック―パーティー」と表現したように、ソーシャルメディアを活用しつつもそれに頼るだけではなく、コミュニティ・マネージャーとして、リアルな場や状況をつくっていくことはソーシャルメディアがなかった時代とはまた異なる意味で重要になる。

コミュニティ・マネージャーがワーカーのいる場や状況を制御するという意味でマネジメントするのではなく、その場や状況を設定するもののそこへの参加者に委ねるという意味でファシリテートすることではじめて、「セレンディピティ」が期待できる。つまり、「セレンディピティ」あるいはそれが生じる場のデザインには、ＩＣＴあるいはオンラインを前提としながらも、ある意味ではそれらを前提とするからこそ、人間によるオフラインでのファシリテートが重要になってくると言えるのである。

4・3　コワーキングスペースのビジネス的価値

前節では比較的早い時期に設立されたコワーキングスペースであるオランダの「シーツ・トゥー・ミート」、デンマークの「リプブリッケン」を取り上げた。ここでは、コワーキングスペースが世界的に増加する二〇一〇年以降に登場したところを取り上げる。またコワーキングスペースにおけるまたコミュニティに加え、それぞれの所在地であるサンフランシスコとベルリンを事例にコワーキングスペースと都市との関連についても見ていきたい。

ビスポーク（Bespoke）：サンフランシスコ

アメリカ西海岸のサンフランシスコを含むサンノゼから続くシリコンバレーは世界のイノベーションの中心地である。前述した「スパイラル・ミューズ」や「インパクト・ハブ（Impact Hub）」など二〇〇五年の最初期から多くのコワーキングスペースが設立された歴史を持っている。

ここで取り上げる「ビスポーク」はサンフランシスコのダウンタウンにあるショッピングモール「ウェストフィールド・サンフランシスコ・センター」の内部に二〇一五年に設立された。「ビスポーク」はコワーキングスペースとして広々としたひとつのフロアがオープンになっており、共用のデスクやイス、またソファーが置かれている。そして、そこを取り囲むようにミーティングルームや小規模オフィススペース、キッチンなどが設置されている。また中央には広場のようなスペース、ボルダリング用の壁などもある（図表4・6参照）。「ビスポーク」は領域として小売とテックとの融合を特徴としており、コワーキング、デモ、イベントと呼ばれる三つのスペースから成り立っている。コワーキングスペースには個人での利用に加えて、七〇以上のスタートアップが入居している。またショッピングモールの同じフロアにデモやポップアップストア（一時的な店舗）を出すためのスペースと、イベントやカンファレンスのためのスペースも備えられている。

設立してからの一年間でコワーキングスペースでは週に二回以上のミートアップが、またイベントスペースでは五〇以上のイベントが開催されたとされている。ここからも分かるように、「ビスポーク」はコミュニティ・マネージャーが常駐し、ファシリテートしつつコミュニティをつくっていくと

図表 4・6　Bespoke

いうよりも、数多く開催されるミートアップやイベントなどが重視されている。小売とテックという特徴を打ち出しているのも、他のコワーキングスペースとの差別化に加えて、ビジネスとして展開していくためのコラボレーションを促進するコミュニティの形成を重視していると言える。

その背景にはサンフランシスコという都市が置かれている状況も関係している。二〇〇〇年代に飛躍したグーグルやアップル、フェイスブックなどの大手テック企業がサンフランシスコより南部のシリコンバレーを中心に本社があるのに対して、サンフランシスコはソーマ（So Ma : South of Market）と呼ばれるエリアを中心にツイッターやウーバー、エアビーアンドビー、イェルプ（Yelp）といった比較的新しい、いわゆるユニコーン企業が多くオフィスを構えており、スタートアップの世界的メッカとも言える都市である。そのため、サンフランシスコでは毎日のように新しいテクノロジーやサービスに関するイベントやミートアップ、アイデアソン、ハッカソンが開催されており、コワーキングスペースはそうした「イベントカルチャー」の拠点になっている。

しかしながら、先に挙げたような大手テック企業の社員もオフィスのある郊外ではなくサンフランシスコなどの都市部に住むことを志向しているため近年ではサンフランシスコでは家賃の高騰が問題となっている。同時に家賃だけではなく、オフィスの賃料も大幅に高騰しており、スタートアップにとってオフィスを借りることは大きなコストとなっている。サンフランシスコにあるコワーキングスペースはフリーランスだけではなく、そうしたスタートアップに対する「受け皿」としても機能していることが特徴と言えるだろう。

また、ショッピングモールは都市の中にある都市ともいえる「入れ子構造」になっている。ビスポークのようにショッピングモールにコワーキングスペースが入居するという事例は世界的にも増えており、生活のなかに職場が入り込む、あるいは職場を生活の空間と融合するという流れは大きくなりつつある。またこのような状況は、ショッピングモールを経営する流通業あるいは不動産業にとっては、コワーキングスペースが空間の不動産的な価値を維持したり、高めたりすることに寄与するひとつの有効な手段と捉えている証左とも言えるだろう。

ファクトリー（Factory）：ドイツ・ベルリン

ベルリンは近年、スタートアップで世界的に注目される都市である。その理由はいくつか挙げられる。ひとつは一九八九年のベルリンの壁崩壊以降、統一ドイツの首都としてベルリンは再開発が急ピッチで進められたが、その中で行政主導の再開発に反発し、自分たちの手で都市をつくっていくという市民による活動が盛んであった歴史を持っているという背景がある。

次に、ベルリンはフランクフルトやハンブルグ、ミュンヘンといった他の旧西ドイツの都市と比べて目立った産業がないもののロンドンやパリなど他の欧州の大都市に比べて比較的生活コストが安く、それが海外からの若いデザイナーやアーティスト、エンジニアなどのクリエイティブやテクノロジー関連の人材を引きつける魅力となったことが理由として挙げられる。こうした産業の欠如、若年層の増加はテクノロジーによる新たなサービスを受け入れる土壌になったこともスタートアップが盛んである背景として挙げられるだろう。クリエイティブとテクノロジーは現在に至るまでベルリンの経済における原動力となっている。

こうしてベルリンは「欧州のシリコンバレー」あるいはシリコンバレーのオルタナティブとしてスタートアップの中心地となっている。そのため、コワーキングスペースも数多く存在する。古くは一九九五年に設立された世界で最も古いハッカースペースのひとつと言われる「シー・ベース」、また二〇〇五年に創業された「ザンクト・オーバーホーツ（Sankt Oberholz）」など、非常に早い段階からコワーキング文化が根付いた都市と言えるだろう。加えるならば、ベルリンは第二次世界大戦前のワイマール時代であった一九二〇年代が「黄金の二〇年代」と言われたなかで、カフェ文化が花咲き、それ以降も盛んであったという歴史的背景も有している。

二〇一一年に設立された「ファクトリー」は、二〇一四年にはグーグルの出資も受け、本格的にオープンした。二〇一六年には「ファクトリー」は、自分たちはコワーキングスペースではなく「プライベート・メンバーズ・クラブ」であるとし、入り口にも「イノベーターのためのコミュニティ」と掲げられているように、起業家、スタートアップ、企業向けにイノベーションを志向するコミュニティであると明言した。これは「ファクトリー」にとってコワーキングスペースは集まって仕事をするためのコミュニティであり、カフェ的なゆるやかなつながりを志向するコミュニティではない、ということを示している（図表4・7参照）。

ベルリン中心部にあるミッテ地区のかつてビール工場であった建物一棟まるごとが「ファクトリー」となっており、一階と二階がコワーキングスペース、三階以上は音楽・音声ストリーミングプラットフォームのサウンド・クラウド（Sound Cloud）社を中心としたオフィス空間となっている。内部には比較的オープンなデスクスペース、集中して作業をするため静寂が求められるスペース、ミーティングスペース、また入居している企業のための区切られたオフィススペースなどが配置されている。加えてカフェスペース、情報掲示板、イベント告知のためのディスプレイなども設置されている。企業スペースにはドイツ銀行やグーグルなど大企業が入居している。こうした企業は「ファクトリー」に入居することで、そこにいる起業家やスタートアップとコラボレーションし、新規事業やイノベーションを期待している。それぞれ掲示板やスペースの入り口にオフィスアワーが掲示されているので、その時間に自由に訪問し、相談することができる。

二〇一七年にベルリン市内に設立されたもうひとつのスペースと合わせるとファクトリーには二〇

図表4・7　Factory

〇〇人を超すメンバーが登録されている。メンバーやコミュニティ・マネージャー同士は「スラック（slack）」などで情報がやり取りされ、イベントの告知なども通常の掲示板やモニターに加えオンライン上でされている。コミュニティ・マネージャーはスペースを歩き回り、ワーカーたちに声をかけつつ、細かな要望にも応えるのと同時に、オンラインでもワーカーたちとのコミュニケーション、さらにはミートアップやピッチイベントなどの企画や広報も行っている。そういった意味で、コミュニティ・マネージャーはオンラインとオフラインを越境しつつ、コミュニティの開発、維持といった「マネジメント」を行っているのである。

前述した「ザンクト・オーバーホーツ」はＷｉ－Ｆｉを備えたカフェからコワーキングスペースとしてコミュニティを形成する場となっていったが、そのプロセスとは対照的である。「ファクトリー」はコミュニティを志向するものの、それは誰もがその場にやってきてすぐに参加できるわけではない。メンバーになるには「自分がファクトリーのコミュニティに対してどのような貢献ができるか」といったことを基準にメンバーたちと（カジュアルではあるものの）面談した上で決まる。所属するメンバーの一人は「（参加する）『障壁の高さ』はコミュニティの内側にあるというよりも飛び込む側の心理的なものだと思います。コミュニティに還元するマインドが重要だと思います」という[11]。この点も「ザンクト・オーバーホーツ」のように誰もが気軽に参加できるカフェの延長線上として誕生したコワーキングスペースとは決定的に異なると言えるだろう。

都市への投資としてのコワーキングスペース

ここではサンフランシスコの「ビスポーク」とベルリンの「ファクトリー」を取り上げ、都市との関連も含めて見てきた。

先に挙げた「シーツ・トゥー・ミート」「リプブリッケン」と比較すると、そこでつくられるコミュニティはより「実益的」であり、そのつくられ方は「組織的」であると言えるだろう。同時にワーカーたちも「結果として」ではなく、コワーキングスペースのひとつの「機能」としてのコミュニティを求めている。そういう意味では、スピナジーらがいうゲゼルシャフト的コミュニティ（あるいはアソシエーション）と言えるだろう（Spinuzzi *et al.* 2018）。

この背景にはコワーキングスペースと都市との関係もある。クリエイティブ階級、クリエイティブ都市の台頭を主張するフロリダ（Florida, R.）は「技術（Technology）」「才能（Talent）」「寛容性（Tolerance）」の「三つのT」がクリエイティブ階級を集めるために、さらに言えば都市における経済成長に重要であると指摘する（Florida 2002=2008）。本章で見てきたサンフランシスコやベルリンもこれら「三つのT」が集積するクリエイティブ都市と言える。二〇一〇年以降、世界中で増加したコワーキングスペースはとりわけクリエイティブ都市に多く見られる。それはこうしたクリエイティブ都市に住む多くのデザイナーやエンジニア、アーティストなどクリエイティブ階級にはフリーランスが多く、コワーキングスペースのニーズも高かったことが背景にあると言えるだろう。

一方で、クリエイティブ都市におけるコワーキングスペース、またそこでのコミュニティは、企業における新規事業やイノベーションの需要もあり、スタートアップや起業家のハブなどビジネス価値として換算されるようになった。序章でも取り上げたニューヨークで創業した「ウィーワーク」は世界で二〇〇ヶ所以上のコワーキングスペースを展開し、企業価値は二〇〇億ドル以上と言われている。こうした企業価値は単にワーカーたちに「空間」を貸すビジネスに対するものではなく、そこで得られるネットワークや経験を含めた「プラットフォーム」としての価値と言えるだろう。

言い換えれば、コワーキングスペースはそこに集うスタートアップや起業家に対してコミュニティによるネットワークや情報などを提供する対価はその利用料というよりも、その「場所」として、あるいはコミュニティの「ブランド」から生み出されるのである。ショッピングモールにある「ビスポーク」も、ショッピングモールという空間の不動産価値を高めるためのひとつのアプローチとしてのビジネスが模索されている。一方で、近年のコワーキングスペースの急成長は、コミュニティ形成よりも不動産や金融資産としての成長という意味合いが強くなりすぎており、その両者の融合の困難さも指摘されている（Wu 2018）。

また、コワーキングスペースがその都市においてどのような位置づけであるべきか、どのような関係になるべきか、は今後の課題となってくる。

「ファクトリー」は二〇一七年にベルリン市内クロイツベルク地区に二つ目の拠点をオープンさせた。同地区にはスタートアップや起業志望の人たちへのハブとなることを目的とした「グーグル・キャンパス」も建設中である[12]。しかし、その建設には利用者にもなりうる地元の住民から反対運動も起きている。

前述したようにベルリンはもともとロンドンやパリと比較して家賃や物価など生活コストの相対的低さで若者たちを惹きつけてきたが、近年はとりわけ地価が急上昇し、立ち退きや住宅不足などの問題も生じている。「ファクトリー」のように、ゲゼルシャフト的コミュニティを特徴とするコワーキングスペースは都市の価値を引き上げる一因になりうるのと同時に、ジェントリフィケーションの一因ともなりうることを示唆している。

4・4　コワーキングスペースのコミュニティをどのように捉えるか？

モバイルワーカーの「オアシス」からコミュニティへ

本章ではコワーキングスペースについて、先行研究を概観しつつ、ユトレヒト、コペンハーゲン、サンフランシスコ、ベルリンでのフィールドワークによる事例にもとづきながら、コワーキングスペースにおいて特に運営側がどのようなコミュニティをどのようにつくろうとしているのか、またコワーキングスペースが都市とどのような関係にあるのか、を中心に検討してきた。

草創期のコワーキングスペースとして登場した「スパイラル・ミューズ」は空間をシェアして働くいわばフリーランスたちの自助的な仕組みとして始まった。同時期の「ザンクト・オーバーホーツ」もカフェに共用できる大きな机、そしてｗｉ－ｆｉが備え付けられたところからスタートした。二〇〇五年前後のスマートフォン、ソーシャルメディアの普及にともなって、電源やｗｉ－ｆｉを備えたカフェやスペースは情報機器をモバイルするワーカーたちにとっての「オアシス」となったのである。

著者によるフィールドワークからは都市とコワーキングスペースの関係、コワーキングスペース内におけるワーカーとの関係、都市と住民としてのワーカーとの関係がそれぞれ作用し合う様子が読み取れた。

スピナジーらの分類（図表4・3参照）を参照すると、ソーシャル・キャピタルでの支払いを基本とする「シーツ・トゥー・ミート」はコラボラティブ・コミュニティの性格が強く、ビジネス要素の強い「ビスポーク」と「ファクトリー」はゲゼルシャフト的コミュニティ、「リプブリッケン」はその中間に位置づけられるだろう。こうしたコワーキングスペースのコミュニティは「実践共同体（Community of Practice）」の文脈からも考えることもできるだろう。

ウェンガー（Wenger, E.）らは、専門的技術を積極的に動員することは、知識それ自体と同じくらい重要な、能動的かつ創造的プロセスであり、実践者が専門的技術を向上させるためには、同じような状況に直面する人々と交流する機会が必要である、と指摘した（Wenger *et al.* 2002=2002）。そこで形成される「実践共同体」は「領域（Domain）」「コミュニティ（Community）」「実践（Practice）」から構成され、「あるテーマに関する関心や問題、熱意などを共有し、その分野の知識や技能を、持続的な相互交流を通じて深めていく人々の集団」（Wenger *et al.* 2002=2002: 33）であり、「太古の昔から続く、人類初の知識を核とした社会的枠組」であるという。ここでいう知識は静的な情報の集まりというよりも生きているプロセスに近い。あるいは暗黙知と言い換えてもいいだろう。「実践共同体」はそうした知識の生きた「レポジトリー（貯蔵庫）」の役割を果たすのである（Wenger *et al.* 2002=2002: 39）。

ウェンガーがいう「実践共同体」は主に徒弟制や企業内において専門的技術を深めるためのコミュニティである。コワーキングスペースにおけるコミュニティを見ると、確かに関心を同じくし、それぞれがコミットすることで、便益を得るという「実践共同体」的な側面もあるが、それと同時にフリーランスや多くの社員を抱えていないスタートアップなどで不足しがちな知識やスキルをお互いに融通し合うという一面も含めたコミュニティでもある。

閉じつつ開くコミュニティの「調整弁」としてのカフェ・スペース

コワーキングスペースはオルデンバーグのいうサードプレイスになぞらえられることもあるが、そこに異質なものの組み合わせとしてのイノベーションに必要な「セレンディピティ」が重視されるのであれば、むしろグラノベッター（Granovetter, M.）が示唆する「弱い絆の強さ（strength of weak ties）」を目的とした場所であると言えるだろう。すなわち、価値のある情報や新たなコラボレーションのきっかけは普段から親しい仲でできる「強い絆」よりもむしろ、少しだけ知っている仲のような「弱い絆」が有効であるという「弱い絆の強さ」を重視したコミュニティと言える（Granovetter 1973）。カプデビラはコワーキングスペースにおけるコラボレーションを、そのタイプやマネージャーによって、コラボレーションに関わるコストを下げるための「コスト関連（cost-related）」、自分たちが学んだり、外部のリソースや知識を統合することで補完する「リソースベース（resource-based）」、シナジー効果による実践を行う「関係的（relational）」という三つのタイプに分類した（Capdevila 2014a）。「シーツ・トゥー・ミート」のようにオンラインによるマッチングや、「ビスポーク」あるいは「ファクトリー」に見られるように、多くのミートアップやピッチイベントなどはこうした「弱い絆」のマッチングや機能を果たしているのである。

しかし、一方で都市や地域におけるコワーキングスペースの位置づけを考えた場合、ベルリンにおける「グーグル・キャンパス」設立への反対運動に見られるように、地域におけるソーシャル・キャピタルが蓄積される「インフォーマルな公共生活の中核的環境」という「サードプレイス」としてのコワーキングスペースという位置づけがなされていることもまた重要と言えるだろう。もちろん、コワーキングスペースのすべてがこうあるべき、ということではなく、さまざまな性格のコワーキングスペースが混在し、地域、企業、ワーカー含めた住民による生態系が構築されることが、その都市の魅力の向上や維持につながっている。

コワーキングスペースは以上で見てきたようにワークプレイスでもあり、サードプレイスでもあると言える。初期に見られるようなカフェを含むそもそも何らかの場所の延長としてのコワーキングスペースはサードプレイスにワークプレイスの要素が付け加えられていった。一方、後発のビジネスとしてのコワーキングスペースはまずワークプレイスがありきであり、そこにサードプレイス的な要素を取り入れていったものと見ることができる。

前述したウェンガーは「実践共同体」における閉鎖的／開放的のバランスの重要性を指摘する（Wenger *et al.* 2002: 2002）。すなわち、同じ関心や目的を持った人を集めることはそのコミュニティにとって重要であるが、凝集性が高くなると結束力や知識の深化などのメリットがある反面、他の領域からの視点や見落としていた点に気づきにくいなどのデメリットも生じてくる。そのためコワーキングスペースにおけるコミュニティもイノベーションやコラボレーションなどを重視しているのであれば、同じ関心を持っているなど閉じつつ、同時に他者に対して開かれたものでなければならず、そのバランスをどのように調整するか、が重要になってくる。そういった意味で、コワーキングスペースにとってカフェ・スペースは象徴的な意味を持っている。

本章で挙げた事例で言えば、「リプブリッケン」や「ザンクト・オーバーホーツ」は空間デザインとして入り口にカフェがあり、そこから奥や二階にコワーキングスペースがあるという設計になっている。これらはコワーキングスペースが前面にはないという意味で「カフェ的」と言えるだろう。一方で、「ビスポーク」や「ファクトリー」は入り口に受付があり、カフェス・ペースはメンバー用として内部に設置されている。そういった意味では「オフィス的」と言えるだろう。「シーツ・トゥー・ミート」はその中間と言え、入り口にゲートはあるものの登録さえしていれば無料でふらりと入れる設計になっている。

これらはそのコワーキングスペースに他者がふらりと立ち寄ることができるかどうかと関連している。つまり、カフェ・スペースは閉じつつ開かれた場所、あるいはコミュニティとしてのコワーキングスペースにおける「調整弁」となっているのである。

本章を含めてここまで見てきたように、クリエイティブ・オフィスなどオフィスの改革、またワークスタイルとしてテレワーク、リモートワークの増加はコワーキングスペースの発展をもたらした。その中で多くの仕事に関わるデータやツール、コミュニケーションは場所に紐付くのではなく、むしろモバイルPCやスマートフォンなどモバイルメディア、に紐付いていった。そこではワークプレイス、あるいはオフィスという言葉そのものも固定的な場所を指すのではなく、単に仕事をする場所を指すようになる。つまり、ワークプレイスはモバイルメディアを通じ、そこに「在る」のではなく

「発生する」ようになる。そうであるならば、オフィスのオルタナティブというだけではなく、さまざまな場所でさまざまな状況と重なることも可能である。第五章では、こうした視点から、近年新たな動きとして注目されつつある「ワーケーション」を取り上げて検討する。

（1）ガーディアン紙、二〇一八年四月三〇日付 "Would you let strangers work at your kitchen table?"

（2）Coworking Wiki（二〇一八年一〇月二日取得、http://wiki.coworking.org/w/page/16583831/FrontPage）.

（3）www.j-soho.or.jp

（4）B. Neuberg, 2005, "code in paradise",（Retrieved September 10, 2018, http://codinginparadise.org/weblog/2005_08_09_archive.html）.

（5）こうした海外におけるデジタル・ノマドについては第五章で取り上げる。また日本のコワーキングスペースの現状や実態については、平本、宇田、阿部らのグループが二〇一三年以降、継続的に調査・研究を行っている（宇田 2013; 宇田・阿部 2015, 2018; 阿部・宇田 2015, 2016 など）。

（6）CBRE（2018）「コワーキングオフィス—新たな働き方のプラットフォーム」（二〇一九年四月二〇日取得、https://www.cbre.co.jp/ja-jp/research-reports/201890）

（7）buffer（2018）, State of Remote Work 2018 Report: What It's Like to be a Remote Worker in 2018, 二〇一八年二月二七日（二〇一九年四月二〇日取得、https://open.buffer.com/state-remote-work-2018/）

（8）また同様のいわゆる古典的分類として、マッキーヴァー（MacIver, R. M.）による、生活全般における共同体としての「コミュニティ」とそのなかで関心や利益によって組織される「アソシエーション」とも類似して考えることができる。

（9）OECD（2017）, Better Life Index（二〇一九年四月二〇日取得、www.oecdbetterlifeindex.org）

(10) 聞き取りは二〇一三年九月一八日に行った。
(11) 聞き取りは二〇一八年五月二八日および補足的に同年七月一五日に行った。
(12) 「グーグル・キャンパス」はこれまでにロンドン、マドリード、テルアビブ（イスラエル）、ソウル、サンパウロ、ワルシャワに設立されている。

ノー残業デー、プレミアム・フライデーなど働き方改革における残業削減など目指す施策の多くは、仕事をする時間を制限し、減らした分、余暇としてリフレッシュしたり、休息したりすることでワーク・ライフ・バランスが保たれる、と説明される。すなわち、そこでは仕事と余暇とが二項対立に捉えられている。例えば、長期にわたって休むと仕事の連絡が取れずに困るので休暇を取ることができないということは多いだろう。しかし、モバイルメディアの発展と普及は、休暇中でも連絡が来たり、それに対応したりするなど、仕事を行うことを可能にした。そうした中で、仕事と余暇を二項対立的に捉えるのではなく、相互に刺激し合い、重ね合わせる働き方や遊び方も模索されはじめている。

例えば、二〇一八年六月、コラボレーションツールの開発を行う株式会社ヌーラボは宮古島市教育委員会と共同し、社員の宮古島におけるリモート就業を支援する社内制度「リゾートワーク制度」を開始した。もともとヌーラボは世界中にオフィスがあり、リモートワークが浸透していたが、この制度では宮古島からリモートワークをする社員を支援するというものである。こうした制度を通じて

「非日常空間である宮古島に滞在し、オンライン・オフラインで発信することを通し、通常業務にシナジーを生み出したり、新たな学びを得られたりする」ことが期待されている[1]。

本章では、こうした仕事（work）と余暇（vacation）を融合し、重ね合わせた実践である「ワーケーション（workation）」を取り上げる。ワーケーションは非日常としての休暇で、日常としての仕事をする、という意味で「日常的非日常」であり、同時に「非日常的日常」でもある。別の言い方をすると、ワーケーションは休暇をするようなリラックスした環境で仕事をするという意味では「コンフォートゾーン」であるが、逆にオフィスにいないために連絡など技術的なことも含めて普段とは異なる環境で仕事をするという意味では「ストレッチゾーン」でもある。

それではワーケーションはどのような形で実践されているのか、またそれらが実践されるコワーキングスペースは前章で見た都市におけるコワーキングスペースとどういった点が同じで、どういった点が異なるのかを、そこで展開されるコミュニケーションやコミュニティに着目しながら分析する。

5・1　ワーケーションの登場：余暇で仕事を、仕事を余暇で

ワーケーションへの注目

前章ではコワーキングスペースの登場と普及について事例を挙げながら見てきた。コワーキングスペースの普及はテクノロジーの中心地である都市部に限った話ではなく、近年はリゾート地などの観光地にも増えている。その背景となっているのが第三章でも触れた世界中を移動しながら仕事をする

「デジタル・ノマド」と、近年、欧米を中心に広がりつつある仕事と休暇とを融合する「ワーケーション」というワークスタイルである。ワーケーションとはリゾート地などで一週間、一ヶ月単位で滞在し、現地のコワーキングスペースなどで仕事をするワークスタイルである。例えば、午前はコワーキングスペースで仕事を行い、午後はそれぞれの趣味を楽しむ。ワーケーションはフリーランスやIT企業など比較的、PCとインターネットがあれば仕事ができる職業・企業のワーカーが取り入れてきたワークスタイルであるが、日本では近年、働き方改革の一環として、制度として導入しようとするところも出てきた。例えば日本航空（JAL）はテレワーク導入のための総合支援事業と並び、二〇一七年七月からワーケーションを導入することを発表した。そこでは次のように説明されている。

ワーケーションとは仕事（work）と休暇（vacation）を組み合わせた造語で、国内外のリゾート地や帰省先、地方などでテレワークを実施します。休暇先（旅先）で仕事をするという新たな働き方により、早朝や夕方以降の時間を社員が自由に過ごすことで、業務への活力につなげることが狙いです。また、ワーケーションにより、旅行の機会を増やし、家族と過ごす時間が増えることが期待されます。さらに、地方で開催されるイベントなどに積極的に参加することで地域の活性化の一助としてまいります。(2)

ここから分かるように、ワーケーションの狙いは、①業務への活力、②家族と過ごす時間の増加、

③地域活性化、ということが示されている。こうした企業側からの動きと同時に、とりわけ③の地域活性化について、観光産業も含めてワーケーションを打ち出し、招致を目指す地域も増加している。

例えば、和歌山県白浜町は、二〇一五年からワーケーションの普及活動を開始し、二〇一七年八月には東京でワーケーション・フォーラムを開催した。同町にはすでにセールスフォース・ドットコムやNECソリューションイノベータ、ブイキューブなどIT企業がサテライトオフィスを設置し、業務を一部実施している。二〇一八年には三菱地所も参入し、二〇一九年五月にワーケーションオフィスを開設した。他にも長野県軽井沢町に「軽井沢リゾートテレワーク協会」が、また冒頭でも紹介したように、沖縄県の宮古島では株式会社ヌーラボと共同でリゾートワーク制度を導入するなど、他の地域でも動きが見られる。

これらに先立つ事例として「神山町ブーム」を挙げることができる。二〇一〇年に徳島県神山町に名刺管理サービスを提供する「Ｓａｎｓａｎ」がサテライトオフィスを展開したのをきっかけに続々とサテライトオフィスができ、さらに二〇一三年には元工場を改装したコワーキングスペース「神山バレー・サテライトオフィス・コンプレックス」が開設されるなど注目が高まり、サテライトオフィスでのリモートワークや若者移住を軸とした地域活性化モデルとして「神山町ブーム」が起こった[3]。

近年の企業および地域のワーケーションへの関心の高まりは、地域移住、サテライトオフィスの流れを「働き方改革」「地域活性化」の中で受け継いでいるもの、と捉えることもできるだろう。

ワーケーションと似た概念として、「ビジネス（business）」と「楽しみ（pleasure）」（あるいは「レジャー（leisure）」）をかけ合わせた「ブリージャー（bleisure）」という言葉も二〇一〇年代半ばから徐々に注目されるようになった。「ブリージャー」とは出張などに自分の楽しみ、休暇を加えることで、ビジネス目的以外にも現地でのさまざまなアクティビティや観光などの休暇としての時間も過ごすというものである。

世界ビジネス旅行協会（Grobal Business Travel Association）が二〇一七年に発表したデータによると、北米の出張ビジネスマンのうち過去一年で三七％がレジャーのためにビジネス出張の期間を延ばしたことがあると回答し、ミレニアム世代に限れば四八％になるなど、若い世代ほどその傾向は強かった(4)。笹井と山本は、生涯学習と情報化の進展における考察の中で、情報化による大きな変化として、「労働と余暇を区別した従来の職業生活に対する柔軟な労働時間や職場管理の進行に見ることができる。職場、家庭、地域、学校といった場所、そしてそれぞれの場所で空間と時間が完結していた領域が、通信環境の整備によってその境界線を失いつつある。それはまた人生の前半を労働、後半を余暇と考える時代の終わりを意味している」と指摘し（笹井・山本 2000）、その例としてテレワークを取り上げているが、むしろこうした労働と余暇の組み合わせはワーケーションやブリージャーなどによって、若い世代を中心に実現させつつある。またワーケーションやブリージャーは健康経営やウェルビーイングを実現させる上でも有効な手段となる可能性を秘めていると期待されている。

ワーケーションにおけるネットワーク資本

アーリは、世界で移動（モビリティ）が急激に広がるなかで新たに「ネットワーク資本」と言えるものが重要になってきていると指摘する。ネットワーク資本とは「感情や金銭面の利得や実益を生み出す、必ずしも近くに居ない人びとの社会諸関係を生み出し維持する力」でありそれには、①数々の適切な文書、ビザ、貨幣、資格、②離れたところにいる他者（仕事仲間、友人、家族）、③運動能力（自身の移動やそのための情報を認知する能力、また移動や通信に関わる能力）、④居場所に制約されない情報とコンタクト・ポイント、⑤通信デバイス、⑥適切で安全な備えが十分な会合の場、⑦自動車などへのアクセス（他の交通手段、電子メール、インターネットへのアクセスも含む）、⑧①～⑦を管理・調整するための時間などの資源、の八つの要素があるとする（Urry 2007=2015: 293-294）。こうしたネットワーク資本は個々人の主体に属するというよりも、個々人同士、「環境」のアフォーダンスとの関連の産物であり、それによって関係の「寄集（アサンブラージュ）」が構成されていると指摘する（Urry 2007=2015: 294）。

アーリのこれらの分類はモビリティ全般についてのものであるが、これらを踏まえてワーケーションにおけるネットワーク資本を考えてみよう。ワーケーションにおいてはワーカー、コワーキングスペース、地域、そして企業というステークホルダーが想定される。ワーカーたちの持ちうる資本は英語などの言語やモバイル機器、趣味など「モバイルな身体」を支えるものと、「モバイルなワークスタイル」を可能にするスケジュール調整やモバイル環境、また専門性やスキルなどが考えられる。ワーケーションが行われる地域はワーカーたちを惹きつけるようなその土地ならではの魅力を含む地域性やビザやアパート、スーパーマーケットなどの生活環境、ワーカーたちの趣味の対象となるヨガやサーフィンなど趣味的経験が資本となる。そしてコワーキングスペースでは、ワーカーたちの仕事が可能になるようなネットワーク環境、そしてイベントやスタッフによるコーディネーションなどのコ

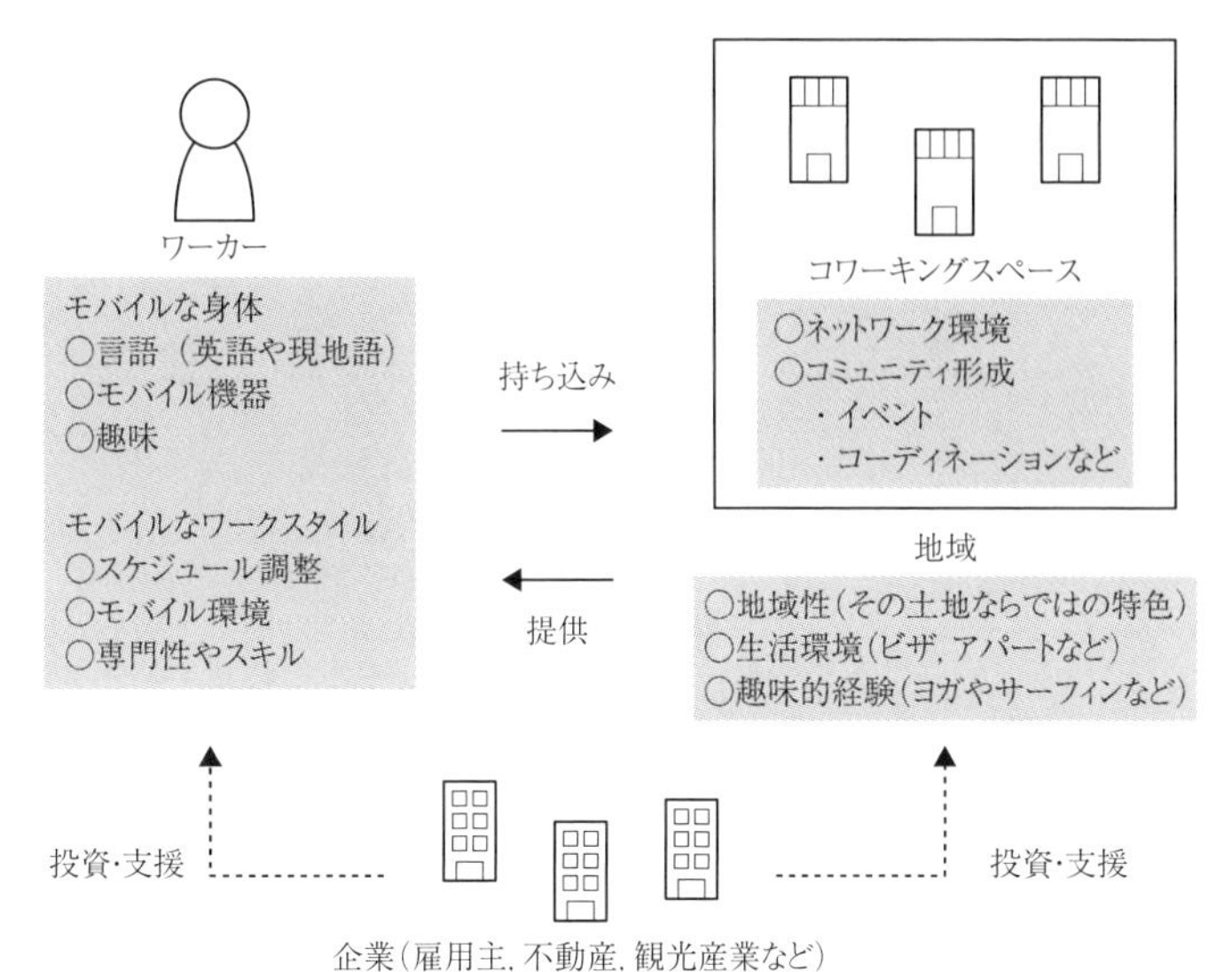

図表5・1　ワーケーションにおけるネットワーク資本

ミュニティ形成が資本となる。

企業についてはさまざまな投資や支援がありうるだろう。例えば、前出のＪＡＬのようにワーカーの雇用主として制度、マネジメント、ネットワーク環境など仕事環境を整備するための投資や支援を行う企業もあれば、和歌山県白浜町にオフィステナントをつくった三菱地所のようにワーケーションのためのコワーキングスペースをつくる企業、あるいは観光産業として地域への投資や支援を行う企業もある（**図表5・1参照**）。

フリーランスのデジタル・ノマドたちはこれらのネットワーク資本を自らが整えていく必要があるが、逆に企業からすると賃金・給料ではなく、ネットワーク資本を配分することで、社員の生産性あるいはイノベーションやクリエイティビティが高まるのであれば、それらへの投資・支援は有効な人事・経営戦略にもなりうるだろう。

5・2　ワーケーションとローカル

調査の目的と概要

前章ではモバイルメディア、ソーシャルメディアによって形成されるセカンド・オフライン的な世界の中で「重ねる場所」としてのワークプレイスがどのようなものになるのか、またワーカーたちがそうしたワークプレイスを「表象の空間」としてどのように自分たちのものとして取り戻そうとしているのか、について検討していった。

都市にあるコワーキングスペースはその都市の住民で、数多く訪れる常連であってもそこはあくまで家でもなくオフィスでもない「サードプレイス」であり、長くとも数時間である。一方で、本章で取り上げるワーケーションは、少なくとも数日以上から数ヶ月にかけてそこに「住む」という意味で滞在しており、コワーキングスペースと滞在施設がセットになっている。ワーカーたちも仕事をしている時間は数時間であったとしても、そこで形成されるコミュニティやワーカーの行為も含めどのようにその「場所」が形成されているか、は都市におけるコワーキングスペースよりも長いスパンで観察する必要がある。

そのため、本章で取り上げる事例は第四章と同様のフィールドワークにもとづいているが、滞在期間を宿泊を含み、より長期間に渡って実施することにした。具体的には、第一回目の調査として岐阜県飛騨市（二〇一六年一一月）、インドネシア・バリ島・ウブド（二〇一七年二月〜三月）に一週間程度、第二回目の調査としてスペイン・タリファ（二〇一八年六月）、ニューヨーク（二〇一八年七月）の各都市のコワーキングスペースに宿泊し、観察調査を行いながら、適宜、半構造化インタビューを実施した。(5)

これらの地域はそれぞれ欧米を中心とした海外からの観光客が多い地域であり、現在では「ネットワーク資本」を持つ人たちがワーケーションを行うことで有名な地域であることは共通しつつも、飛騨とバリ島は民族・伝統文化が根付いているという特徴、スペイン・タリファ、ニューヨークはそれぞれ「移動」の拠点であるという特徴を持つことが調査地として選定した理由である。

調査目的は、第四章と同様に、それぞれのワーケーションを提供している（コワーキングスペースを含めた）施設がどのような「場」として構成されているのか、そしてそれぞれの地域の中でどのように位置づけられるのか、を明らかにすることである。そして、フィールドワークの結果を比較しながら、第四章で見たような都市におけるコワーキングスペースでの知見も踏まえ、①ワーケーションが行われる施設でのコミュニティ形成において、モバイルメディアやソーシャルメディアによるオンラインとオフラインの重ね合わせや相互作用がどのようになされているのか、②コミュニティ・マネージャーがどのようにその施設、あるいはそこにおけるコミュニティを「空間の表象」としてデザイン、マネジメントしているのか、③一方でワーカーたちがワーケーションの施設およびその地域を「表象の空間」としてどのように経験しているのか、を検討していく。加えて、ワーケーションがローカルとどのように結びつくのか、またデジタル・ノマドを中心とするワーカーたちがどのようにワーケーションを行う（コワーキングスペースを含む）施設を捉えているのか、についても検討していく。

フブド（Hubud）：インドネシア・バリ島

インドネシア・バリ島は飛行機でシンガポールから二時間半、バンコクから四時間、シドニーから六時間、東京から七時間の距離にあり、アジアでの拠点になりうる立地にある。ウブドはバリ島の内陸に位置し、森と田園に囲まれている。首都ジャカルタのあるジャワ島ではイスラム教徒が多いのに対して、バリ島ではヒンドゥー教が盛んである。ウブドはその中心地のひとつであり、多くのヒンドゥー寺院が集まっており、またそれに関連した伝統工芸や音楽、絵画、舞踊などの民族文化も盛んな地域である。二〇世紀初頭にはオランダを中心にヨーロッパから多くの画家が移り住んだことでも知られている。こうしたことからウブドは観光資源に恵まれており、現在でも多くの観光客が訪れる街となっている。そうした背景もあり、ウブドには現在では多くの欧米人のワーケーション目的の滞在者、またそうした滞在者向けのカフェやコワーキングスペースがあり、英語が通じるところも多い。

「フブド（Hubud）」は二〇一二年のミートアップでアイデアが出され、二〇一三年三月に設立されたコワーキングスペースであり、ウブドにおけるワーケーションの拠点として先駆けとなっている存在である。「フブド」では①コワーキング（Coworking）、②コリビング（Coliving）、③コラーニング（Colearning）、④コギビング（Cogiving）、の四つの「Co（協業）」が掲げられている。

竹でデザインされている「フブド」の内部は大きく分けて三つのエリアからなる。ひとつは受付すぐ後ろにある一般的なコワーキングスペースである。もうひとつは二階にあるコワーキングスペースである。こちらは静かに集中して作業をするためのスペースであり、大きな声で喋ったり、食事をしたりしないように注意書きが貼られている。三つ目は田園に面した屋外スペースで飲食物が販売されているスペースを併設している。これ以外に、一階、二階にそれぞれミーティングルーム、二階にスカイプなどでオンラインミーティングを行うためのブースがある。利用者は自分の気分や予定、タスクに合わせてこれらのスペースを使い分け、仕事をしている（図表5・2参照）。

「フブド」は二〇一七年三月の時点でのべ七五カ国、五一〇四人が利用しており、このうち二五〇人ほどがアクティブメンバーであるという。実際の利用者はドロップ・イン（一時利用）もいるが、

図表5・2　Hubud

一ヶ月以上の滞在者も多い。こうした長期滞在者向けに毎週水曜日には新規参加者の顔合わせ昼食会も開催されている。イギリス人のワーカーは「日本の大学で語学教師として働いているけど、今は休暇とプログラミング学習を兼ねて一ヶ月ほど滞在する予定です」という目的で参加していた[6]。他にも参加者はロシア人、オーストラリア人、アメリカ人など欧米系の人たちが中心であり、その多くが一ヶ月単位での滞在を予定していた。一方で、ウブドの地元のワーカーが仕事をしに、あるいはカフェ利用などで入ってくることはほとんどない。

マネージャーやスタッフは一階スペースと屋内スペースを中心にメンバーに話しかけたり、それぞれを紹介したりしている。彼ら彼女らはＩＴや経営などに関して経験のある専門家が多く、メンバー同士をつなげたり、またビジネスプランの相談に乗るなど、実際にコラボレーションでのビジネスが生まれるように方向づけている。また他のコワーキングスペースと同様、多くのイベントが開催されている。二〇一六年にはグラフィック講座からインドネシア語、料理教室まで四三〇のイベントが開催された。またアイデアを持ち合い参加者がビジネスプランとしてブラッシュアップする「スタートアップ・ウィークエンド・バリ（Startup Weekend Bali）」、自分の関心のあること、取り組んでいることをスライドにし、一枚二〇秒で話す「ペチャクチャ・ナイト（Pecha-Kucha Night）」、技術提供から資金提供までさまざまな人が集まる「コネクティング・ドッツ（Connecting Dots）」など他の地域やコワーキングスペースでも見られる起業・ビジネス向けのイベントも多く開催されている。これらのイベントはウェブページに加えて、「フブド」の中にある掲示板でもチェックできる。

このように「フブド」はアメリカやヨーロッパにあるスタートアップ向けのコワーキングスペース

とほぼ同様の運営をしている。しかし、ワーカーたちは仕事をしながらバリ島、ウブドの「ローカル」ならではの休暇も重要視している。そのため、「フブド」での仕事は休暇だからといって中断できないコミュニケーションなどの「維持」を目的とするものと開発や執筆をしたり、新しいビジネスプランの模索などまとまった時間が必要であったり、集中したりする、いわば「隔離」を目的としたものに大別される。

ワーケーションにおいて、時差はワーカーそれぞれ、あるいは仕事における時間感覚の変容を促す。そういった意味で、仕事をするためにミーティングをするスペースのすぐ横にスカイプなどのオンラインミーティングを行うスペースがあるというデザインは示唆に富む。例えば、ウブドは日本との時差は一時間であるが、ニューヨークとの時差は一二時間、ロンドンとは七時間である。その結果、ニューヨークの夕方に受けた依頼や作業をウブドで行い、ニューヨークで翌日になるまでに作業を進めておくことが可能である。このように、異なる地域の時差を活かすことで「抽象タイム」上ではワーカーたちがいわばリレーをしながら、二四時間仕事が続いている状態をつくりだすことも可能になる。

こうした手法は近年オフショア開発などでも見られるものである。一方で、時間を調整すればスカイプや電話、テレビ会議などで「リアルタイム」にミーティングなどを行うこともまた可能である。そういった意味で、ワーケーションなどでグローバルに散ってチーム作業をする場合、こうした「抽象タイム」と「リアルタイム」の二つの時間を調整しつつ仕事をすることは可能であるし、それゆえにそれらを調整するスキルが重要になってくる。

オンラインにおいてワーカーたちはそれぞれがインターネットを介して地球上のさまざまな相手や

場所とコミュニケーションを取ったり、データのやり取りができたりする「ノード（節）」と言える。その意味ではワーケーションでは、企業はオンラインでそうしたノードが集まった「ハブ（Hub：結節点）」であるし、フリーランスにとっても仕事を発注している側が「ハブ」となっている。それと同時に、オフラインにおいてコワーキングスペースが（ここでは「フブド」が文字通り）コラボレーションやコミュニティを提供する「ハブ」として機能するのである。すなわち、ワーケーションをしているワーカーはオンラインとオフラインの二重の「ハブ」を経験していると言えるのである。

Fab Cafe Hida：飛騨古川（日本）

日本における事例として、二〇一六年に酒造や木工アトリエとして使用された古民家を改装し、開設された岐阜県飛騨市古川町のコワーキングスペース「ファブカフェ飛騨（FabCafe Hida）」を取り上げる。

飛騨地域は、広葉樹を中心に森が広がる地域であり、歴史的に組木技術を活かした家具作りなど木工業が盛んであった。東京や大阪から飛騨まで三時間以上かかることからアクセスが良いわけではないが、飛騨地域は日本の歴史的な町並みが保存されており、二〇一七年には二二〇万人の観光客が訪れ、そのうち外国人が五〇万人を超えるなど近年、インバウンド観光でも盛んなエリアである。(7)

「ファブカフェ飛騨」は株式会社「飛騨の森でクマは踊る」によって運営されている。株式会社「飛騨の森でクマは踊る」は飛騨市と、主に間伐材活用プロダクト開発や林業プロセスの改革を通し、地域再生に実績をもつ株式会社トビムシ、そしてクリエイターネットワークやグローバルに展開するデジタルものづくりカフェ「ファブカフェ」の運営をはじめ、多様なクリエイティブサービスを提供する株式会社ロフトワークの一市二者による合弁会社で、いわゆる第三セクターである。

「ファブカフェ飛騨」は「デジタルものづくりカフェ」でもあり、「ローカルなデザインコミュニティ」でもあり、そして「グローバルなビジネスネットワーク」でもあることを目指している。そのため、3Dプリンターや3Dスキャナー、レーザーカッターなどデジタルファブリケーションのためのツールを設置し、また二階には宿泊スペースを準備し、デザイナーやアーティストが長期滞在できるようになっている（図表5・3参照）。

図表5・3　FabCafe Hida

「ファブカフェ飛騨」を訪問する人は、①外部からやって来て比較的長期間滞在するデザイナーや職人など、また地域の人びとでも、②様子を見にくる人びと、③ものづくりが好きだったり、デザイナーの人と触れ合ったりしたい地元の職人など大きく三つに分けられる。普段は②や③の人が多いが、夏休みなど長期休みのシーズンになると都内などから①の人たちが多く来るという。こうしてやって来る彼ら彼女らは地域移住やデジタルと伝統とを組み合わせて新しいものをつくることに関心の高い人が多い。そのため滞在は数日間~数週間と比較的長期にわたる。

また複数のグループが集まり、合宿的に滞在が行われることもある。例えば、二〇一六年五月二八日~六月二〇日の約三週間にわたり、台湾の交通大学、カナダのトロント大学、アメリカのパーソンズ大学、日本の情報科学芸術大学院大学（ＩＡＭＡＳ）、東京藝術大学の学生と教授が木工、組木及びフィジカル・コンピュテーションを学ぶ「Smart Craft Studio Hida 2016」と題した合宿を行い、飛騨の木工技術とＩｏＴを組み合わせて、社会にインパクトをもたらす新しいプロダクトの実作と、新しいサービスのプレゼンテーションを行った。

それではこうした「ファブカフェ飛騨」ではどのように利用者がコミュニケーションをし、コミュニティを形成しているのか。運営者のひとりである森口明子は「やっぱりものをつくる人は地域に関係なく話しかけますね。何つくってるの？ とか声掛けから始まって。その人が東京（出身）だろうが、イスラエル（出身）だろうが飛騨（出身）だろうが、ものづくりでリンクできるので」と言う[8]。一方で、こうした職人やデザイナーと、カフェを利用している人、イベントに関心があってやって来た人とのコミュニケーションをどう取るか、は課題である。そのため、森口は人びとをつなげるための「女将」役を果たしつつ、運営者だけがそれをするのではなく、そこに集まる人たちが自然に行うように人を呼ぶし、空間そのものがそれをアフォードするようにデザインしていると言う(9)。

実際、「ファブカフェ飛騨」の工房は外の道から見えるように大きなガラス戸になっている。また地元の人びとが関心を持つようなイベントも定期的に開催し、ものづくりを軸にしながらもその空間を利用するための「間口」を広げようとしている。例えば、飛騨市のＡＬＴ（Assistant Language Teacher：外国語指導助手）の人たちを中心に「カナダナイト」というイベントが開催され、地元や近隣の人が交流した。このイベントで利用されたモバイル屋台も滞在していたアーティストと共同して地元の木材を用いて製作されたものである。

このように「ファブカフェ飛騨」は「運営―そこに集う人―空間」の三者それぞれがコミュニケーションをアフォードし、コミュニティの軸になるように多重にデザインされている点が特徴的である。つまり、スタートアップなどビジネスのためのコミュニティというよりも、より地元とのつながりを重視し、その中で組木技術などが根付いた飛騨という地域の資源を活かしたコミュニティを志向している。

その背景には「ファブカフェ飛騨」の軸となる林業が生産から加工まで、地元のさまざまな人びと、組織、会社によって成り立っていることがある。森口が「木を切る、製材、大工、職人、プロダクトデザイナーすべてを包含する拠点になりたい」というように、「ファブカフェ飛騨」はそれらをつなぐ役割を果たす場所になることで、「職人のクローズドな世界からオープンな関係性へ」とつながるプラットフォームになっていくことを目指している。一方、第三セクターとしてそうした地域における公共性を意識しつつも、同時に事業としてカフェ、コワーキングスペースの運営から利益を上げなければならないという経営上の課題も抱えている。

こうした「ファブカフェ飛騨」の事例はワーカーにとって新たなアートインレジデンス（Art In Residence）の試みであると位置づけることができる。アートインレジデンスは二〇世紀後半から広がり始めたもので、アーティストが一定期間、地域に滞在し、作品をつくったり、リサーチしたりといった活動を指す。日常から離れた地域で素材や文化、人びととの交流など「非日常」に浸ることでインスピレーションを得るなどのメリットがある。同時に、その地域ではアーティストとの交流や彼ら彼女らによる地域の魅力の発見や製作などのメリットがある。職人を含めたアーティストが日常から離れて「非日常」に浸ることを「アートインレジデンス1・0」とすると、「ファブカフェ飛騨」の事例は、「日常」としての仕事を行いつつ、飛騨地域やそこの素材としての木材、木工などの技術という「非日常」を重畳することによる「アートインレジデンス2・0」と言えるだろう。実際にフランス人デザイナーは数週間「ファブカフェ飛騨」に家族で滞在しながら、飛騨地域の文化を体験、吸収しつつ、自らも作品をつくっていた。

このように「ファブカフェ飛騨」は地元の飛騨地域の木工技術などのコンテンツとレーザーカッターや展示物などの「モノ」を軸として地元の人も含めてコミュニティを形成することを目指しているとも言える。一方で、それゆえにそこに集うワーカーは「一般的なワーカー」というよりもデザイナーやアーティスト、職人といった職業が中心となり、そこでの経験は「アートインレジデンス2・0」とも呼べるものとなっている。[10]

「田園」としてのワークプレイス

　ここまで見てきたバリ、飛騨はどちらも都市から離れた田園や森に囲まれた地域である。こうした地域にあるワーケーションを行うコワーキングスペースはどのように位置づけられるのか。トゥアンは『トポフィリア』において、「原野」「田園」「都市」という三つのタイプの環境を提示する。その中で都市は秩序、自由、抑圧を象徴するものであったが、一八世紀の自然＝ロマン主義、またその後の産業革命以降、イメージが逆転し、都市は混沌であり、社会から見捨てられた人びとが支配するジャングルになったと指摘する（Tuan 1974＝1992: 408-9）。一方、「田園」はどういったものか。「田園」は都市から脱出した人が住む場所であり、二分法として「田園―都市」が対極に置かれがちである。しかし、「田園」は人の手が入っているという意味で「生の自然」ではなく人工物であり、対極に置かれるべきは「原野―都市」であると指摘する。むしろ「田園」は中間的景観であり、少なくとも一八世紀以降、理想的な人間世界としての「エデン的な存在」と言えるのである。

　こうしたトゥアンの視点をワーケーションに当てはめて考えてみよう。ワーケーションは都市やオフィスから離れて、バリ島や飛騨のような自然が多い場所で滞在することが多い。そして、バリ島のウブドや飛騨は前述したように、自然が豊かであるだけではなく、豊かな文化的背景を持っている地域である。そうした中で「フブド」も「ファブカフェ飛騨」もネット環境が十分に整備されており、3Dプリンターやレーザーカッターなどの設備、また周辺には近代的な宿泊施設やカフェ、レストランなども備えられている。そういった意味で、ウブドや飛騨はローカルではあるものの、その中の「フブド」や「ファブカフェ飛騨」は少なくとも「原野」ではなく、「田園」である。

現代的な意味において、ワークプレイスとしての「原野」を切り拓き「田園」にするのは斧や農具ではなく、コーヒーとＷｉ－Ｆｉなのである。だからこそ日常的な仕事も行えるという意味でワークプレイスとして魅力的なのであり、同時に内装などのデザインも含めてその地域が感じられる「非日常」を経験するためのワーケーションの場所として選択されうるのである。つまり、ワーケーションはワークプレイスがない「原野」を切り拓き、「日常」と「非日常」が重畳された「エデン的な田園」としてのワークプレイスをつくり出し、実践するワークスタイルであると言える。

5・3　ワーケーションにおける「エフェメラルなコミュニティ」

ココテラ（Coco Tela）：スペイン・タリファ

スペインは二〇一七年にはフランスに次ぐ年間八〇〇〇万人を超える観光客が訪問し、とりわけ地中海沿岸は多くのリゾート地を抱える[11]。タリファは、スペインのあるイベリア半島最南端に位置する人口二万人弱の都市である。ジブラルタル海峡を挟んでアフリカ大陸モロッコまでフェリーで一時間ほどという立地にあり、モロッコから、あるいはモロッコへ移動する多くの人びとが立ち寄り、行き交っている。同時に、アンダルシア地方特有の白い建物が並ぶ旧市街と広い海岸線を活かしたビーチを擁するタリファは、ヨーロッパにおけるカイトサーフィンのメッカでもあり、家族連れで滞在する観光客も多い。またグラナダ、セビージャ、マラガ、カディスなどのアンダルシアの観光都市とそれほど離れていないにも関わらず、過度にパッケージ・ツーリズムやジェントリフィケーションの舞台になっていないため物価も安い。有名ホテルチェーンやマクドナルドやサブウェイといったファーストフード店も見当たらず、旧市街には地元に根ざしたカフェやバル、小規模ホテルが立ち並ぶ。このようにタリファは交通の便の良さとローカル感覚、物価の安さ、を備えた都市であり、ヨーロッパにおけるワーケーションのメッカと言われる。「ココテラ」はこうしたタリファの旧市街の中心に位置しているコワーキングスペース兼オスタル（ホテルより小規模のものを指す）である。

「ココテラ」は三階建ての構造であり、コワーキングスペースは一階（七〜八人が作業できるスペース）と三階（三〜四人が作業できるスペース）にある。また宿泊ルームは一階と二階に分かれている。一階には受付とキッチンとソファの置かれたリビングスペースが、三階には旧市街を見晴らすテラスがある。そのため構造上、外部からふらりと入れるようなカフェ的な要素はない。

「ココテラ」は、最初はオスタルとして運営しつつ、広告関連のフリーランサーであったマネージャーのマリーナが広告やデザインの仕事をするためのワークプレイスでもあった。二〇一四年に「デジタル・ノマド・コミュニティ（Digital Nomads Community）」がクライアントになって以降、デジタル・ノマドたちのコワーキングスペースとしても意識して運営されるようになった（図表5・4参照）。

マリーナは「最初は（広告やマーケティングなどの領域で）地元の人とデジタル・ノマドとのコラボレーションを考えていて、進めていきたいんですが、（英語とスペイン語の）言語の問題がまだ大きいなと思っています。タリファは観光地で英語を話す人も多いかもしれないですが、レストランの注文など定型のものが多く、込み入った相談や新しく何かを生み出すための会話などはまだ難しい状態です。ただ若い人たちで徐々に英語を話せる人が増えてきているのでそこを期待したい」と語る[12]。その

図表5・4　Coco Tela

ため「ココテラ」は現状ではワーケーションの宿泊の拠点になることを重視しており、イベントを多数開催するというような運営はしていない。また定期的に開催されるイベントも基本的にはワーケーションを行うワーカー同士のコミュニティを志向しているものが多く、地域とのつながりを積極的につくりだそうという志向はそれほど強いわけではない。

ここまで見てきたように、「ココテラ」は純粋にコワーキングスペースというよりもオスタルの機能も併せ持っており、宿泊が目的の人、コワーキングスペースが目的の人、その両方の人が入り交じる。その運営スタッフは、大きく分けると、①共有スペースや部屋の掃除などを担当する地元の人、

②住み込みで働いている人、③運営者、である。この三者の勤務時間は大まかにしか重なっていない。①の担当者は基本的にはおおよそ朝八時過ぎから昼過ぎにかけてひとりで行う、③の運営者は午後から夜にかけて予約管理なども含めて仕事をするが出張などで不在の時もある、②の住み込みで働いている人も主にひとりで昼前後から夜にかけて洗濯や予約業務、受付またイベントがある場合はその準備や片づけなどをしている。

興味深いのは上記の①〜③にあたる人が誰もいない時間帯がしばしば生じ、そしてその際にはもしコワーキングスペースに人がいた場合、その人が対応するケースもあるという点である。例えば、非常に朝早い時間に宿泊客がチェックアウトする際に、スタッフが誰もいないケースがある。その時間にたまたまコワーキングスペースで仕事をしていた人が宿泊客から鍵を預かったり、一時的に荷物を預かったりする。またコーヒーなどもスタッフが気づいたときには淹れるが、まだスタッフが来ていなかったり、コーヒーがなくなった場合にはコワーキングスペースのワーカーが自ら淹れる。もちろん、お金にまつわることや個人情報に関わることなどについてはワーカーも扱わないが、スタッフでなくても「その場にいること」で対応可能なことはワーカーも運営に携わる行為が見られる。

つまり、「ココテラ」においてさまざまなサービスがワーカーたち自身の臨機応変な対応によって提供されている。そして、ワーカーも完璧なサービスを享受することを期待しているのではなく、それぞれがネガティブに言えば「適当」に、ポジティブに言えば「寛容」になることでスムーズに運営されている。そしてそれは常連客がお店を一部手伝うようなカフェやバーなどサードプレイスでも見られうる一種のコミュニティ感覚を生み出していると言える。

実際に、②に該当していた男性はメキシコ出身で、一ヶ月前にヨーロッパに来たばかりだという。「とりあえず言葉の通じるスペインに来てみて、という感じで、ここに泊まったんだけど、英語とかスペイン語とかで手伝ってるうちにこんな（住み込みで働いている）感じになったんだ。もうちょっとお金が貯まったら、イタリアに行って、そこからクロアチアとかウィーンに行こうかと思ってるよ。そこでドイツ語を勉強して話せるようになってまた仕事が見つかるといいかなって。日本も楽しそうだよね。オリンピックがあるし、知り合いもいるからその時に行こうかなって思ってる」というように、彼自身もノマドとして移動しながら、現時点の「止まり木」として「ココテラ」に滞在しつつ、働いているのである。実際にシーツの洗濯などの業務的なこともしつつ、その横でギターを練習をしたり、スマートフォンで動画を見たりしながら過ごすことも多く、従業員というよりも、運営スタッフに近い滞在者と言える位置づけであった。

タリファには「ココテラ」だけではなく、他にも同様のコワーキングスペース兼オスタルが数軒ある。タリファにおけるワーケーションのコミュニティで興味深いことは地域全体でそのコミュニティを形成している点である。

タリファ地域のデジタル・ノマドに関する情報交換を行っているフェイスブック・グループとして「タリファ・デジタル・ノマド（Tarifa Digital Nomads）」がある。二〇一九年三月の時点で三九二五人がメンバーとして登録している。そこでは現在タリファに滞在している人、あるいはこれからタリファに来る人がさまざまな質問や提案の投稿を行っている。例えば、二〇一八年六月から二〇一九年二月にかけて三七三件の投稿があり、それぞれの返信などを入れるとほぼ毎日誰かが書き込んでいる。

これらの投稿を分類すると、①生活情報の提供と②その提供呼びかけ、③専門スキルの提供と④その提供呼びかけ、⑤イベントの開催・連絡、に大別される。頻度として多い投稿は生活情報提供の呼びかけで全体の四八％を占めており、続いてイベントの開催・連絡（二一％）、生活情報の提供（一六％）、専門スキル提供の呼びかけ（一二％）である。ガイドラインで広告や宣伝を禁止しているため、専門スキルの提供についての投稿は多くはなく、自己紹介の中で自分の仕事やスキルを書き込む例が見られる程度である。[13]具体的な投稿内容を**図表5・5**に示す。

これらの投稿に対して六五％の割合で返信があり、返信があった投稿における平均コメント数は三・〇七、中央値は二・〇であった。

オランダ出身でライターのリセッタはタリファに滞在している間、仕事の多くは「ココテラ」で行っている。彼女は「ココテラ」の運営者ではないが、このグループのモデレーターとしてミートアップやさまざまなイベントを企画して「タリファ・デジタル・ノマド」で投稿するのと同時に、情報提供の呼びかけの投稿があったときに、知っている情報やそれに関連する人についてコメントで返信する形で書き込んでいる。すなわち、リセッタはタリファにいるデジタル・ノマドのネットワークの「ハブ」になっているだけではなく、同時にオンラインとオフラインをつなぐ「ハブ」の機能を果たしている。

アウトサイト（Outsite）：ニューヨーク

ニューヨークは前章で紹介したサンフランシスコと並びアメリカで家賃の最も高い都市のひとつで

やインサイダー脅威のコンサルティングをしています。

みなさんとつながりを持てるのを楽しみにしています。

（投稿日：2018年6月30日）

④ 専門スキルの提供呼びかけ

【Nitai Anidjar】

こんにちは！　スロヴァキア人、リトアニア人、ラトビア人、スロヴェニア人いらっしゃいますか？

手伝ってほしいことがあって。翻訳の仕事です。プライベートメッセージをお待ちしています。

（投稿日：2018年7月12日）


【Paul Smit】

こんにちは！

メッセンジャー・チャットボットをつくった経験ある人いますか？

私のあるクライアントのためにそれをつくってくれる人を探しています。

（投稿日：2018年8月19日）


【Chris Alves Montesino】

ノマドの皆さん。私はアルヘシラスで英語学校のディレクターをしていて9月から一緒に働いてくれる人を探しています。誰か教師（になりたい人）いますか？次の学期にパートタイムとして数時間働きたい人いますか？　ご連絡お待ちしています。履歴書を以下のアドレスに送っていただいても結構です。どうぞよろしくお願いします。

（投稿日：2018年7月10日）

⑤ イベントの開催

【Petra Westerlaan】

タパス・チューズデー
タリファでのサマー・ワーケーション最後の夜なのでロラでタパス・ナイトを開催したいと思います。場所が空いているか確認するので、夜8時半にそこで会いましょう。

その後、お酒やダンスが好きな人は（1時間歩くかタクシーで15分の）ロス・ランチェロス海岸の「ウェーブス」でパーティーがあります。

（投稿日：2018年7月17日）

への書き込みの例

①生活情報の提供

【Cecile Cathala】

みなさん。6月22日の早朝5時にタリファからマラガ空港まで行きます。もし移動手段が必要な人がいたら知らせてください。あと2席空いています。

(投稿日：2018年6月20日)


【Candice Honoré】

タリファ・デジタル・ノマドのみなさん、こんにちは！　私はタリファの旧市街にフラットを借りています。デラクルス通りにある魅力的なアパートで屋上テラス付き、ベッドルームは2つあります。9月から6月まで空いています。インターネット接続も上々で何人かのデジタル・ノマドにも試してもらってます。1ヶ月650ユーロ（インターネット、水道、電気代込）+1ヶ月分のデポジット。

(投稿日：2018年7月29日)

② 生活情報の提供呼びかけ

【Stefan Haghofer】

やあ！　10月10～15日あたりに1、2ヶ月タリファで過ごそうと思っています。どこかで安い住まいか、ルームメイトを探している人いませんか？　できれば、カイトサーフィンの用具を置ける場所もあるといいんだけど。

よろしく！

ところで僕はオーストリア出身で、映像制作が好きです。カメラとかも持っていきます！

(投稿日：2018年8月27日)


【Vincent Braakman】

こんにちは！

今日の夜11時からタリファからマラガ空港まで車で行く人いますか？　ライドシェアしたいです。

(投稿日：2018年8月14日)

③ 専門スキルの提供

【Jonathan Cauwood】
ノマドの皆さん、こんにちは。私は最近タリファに来ました。自己紹介させてください。サーフィンが好きで、カイトも学んでいる途中です。そして、ハイキングも好きな放浪者です。仕事はエクゼクティブ・コーチとサイバーセキュリティ

図表5・5 「Tarifa Digital Nomads」

ある。ウォール街を中心として金融業・保険業が盛んであるが、近年ではフィンテックも含めたＩＴ、ファッション、デザインなどの産業も盛んになってきており、関連したスタートアップも多く生まれている。ニューヨークは「ウィーワーク」発祥の地であり、「ウィーワーク」だけで六〇ヶ所近い拠点があり、また「ウィーワーク」以外にもさまざまなテイストを持つ数多くのコワーキングスペースが集まっている。さらに第二章で取り上げたジェイコブスが市民のための街づくりを主張したフィールドでもあり、地産地消を掲げるフード関連の運動やコミュニティづくりなど含めプレイス・メイキングも盛んな都市である。二〇一九年にはアマゾンの拠点建設計画が反対運動により中止になったように、多種多様な人が行き交いながらも、地域に根ざした住民も多く存在する都市であると言える。

「アウトサイト」はコワーキングと同時に「コリビング（Coliving）」を掲げており、ニューヨーク以外にもカリフォルニアやハワイ、オースティン、アメリカ以外ではコスタリカやリスボン、バリ島など一五ヶ所に展開している。サンフランシスコ、マイアミ、東京、ウブドに展開する「ローム（Roam）」も同様にコリビングを掲げている。「コリビング」とはシェアハウスとコワーキングスペースを合わせたような形態で、例えばロンドンに展開する「オールド・オーク（Old Oak）」は五〇〇室以上を備えた大型のものであるが、ワーケーションの拡大に伴って一軒家のような比較的小さな規模でもコリビングを掲げるコワーキングスペースも増えてきた。ここに挙げたものも含めてコリビングスペースは基本的には一週間単位での宿泊が前提となっている。

ニューヨークの「アウトサイト」はブルックリン地区の古いビルを改装したワンフロアの構造になっている。比較的大型のリビングスペース兼コワーキングスペース、キッチン、ランドリーなどが備わっており、宿泊ルームは七部屋ある。内部のリビングには大きな黒板になっている壁面があり、そこには自分の名前や出身地、「アウトサイト」のインスタグラムのアカウントやハッシュタグ、また周辺のレストランや貸出用自転車の鍵の番号までそこで生活をするためのさまざまな情報が書き込まれている。

「アウトサイト」の入口には看板などは掲げられていないので、ウェブページなどで宿泊を予約して場所を確認した人にしか分からない（図表5・6参照）。予約した人は電子メールで送られてくる暗証番号を入力して入る仕組みになっている。このように看板などもないために場所を特定する、暗証

図表5・6　Outsite

番号を確認する、などの一連の操作は（事前にプリントアウトすることも可能であるが）グーグルマップを確認する、送られてきたメールを確認するなどをその場で行うためのスマートフォンなどモバイルメディアを持っていることが半ば前提となっている。実際に筆者によるフィールドワーク中に新たに訪問してきた人のほとんどが入口までスマートフォンを持っていた。

中に入っても受付などはなく、そのためコミュニティ・マネージャーとして担当する人はいるものの、その場に常駐してはいない。ただし、コミュニティ・マネージャーや「アウトサイト」全体の予約担当スタッフは頻繁にメールなどをチェックしており、電話も含めて何かを聞いた時のレスポンスは比較的早い。

このようにニューヨークの「アウトサイト」は道を歩いていてたまたま見つけて入るといった訪問は想定していない。つまり、「アウトサイト」においてコワーキングスペースを使うワーカーは同時に宿泊客でもある。そういった意味では、カフェのように、ふらりと入って仕事をするというコワーキングスペースとは全く異なる運営形態である。

ニューヨークの「アウトサイト」の宿泊者の多くは、長くても二週間程度の宿泊で多くは数日〜一週間程度の滞在が多い。その多くが何らかのビジネスミーティングや展示会などのイベント、集中クラスへ参加するためなど用件をもっての滞在である。

例えば、オーストラリアに本社のある企業のマーケティング担当社員は「うちの会社はアジア、アメリカの各国からリモートで多くの社員が仕事しているけど、自分のような職種では対面ミーティングがどうしても発生するのでアメリカへは頻繁に出張で来ます。ニューヨークではここ（アウトサイト）はよく使うよ。ホテルのような過剰なサービスがないぶん気を使わないのがいいね。それで割安だし、十分にきれいにされている。Ｗｉ－Ｆｉもあるしね。（ここのコワーキングスペースでは）チームでミーティングも開ける広さもあるので合宿的に使うときもあるよ。いちばん重要なのはここの滞在者はみなこういうスペースだと理解している人たちが多く、コミュニケーションするのも楽しいよ。みんなどのように振る舞えばいいか分かっているし、礼儀正しいから安心だよ」と述べる(14)。

またニューヨークで開催されるフードショーのために滞在しているというイタリアから来た夫婦は「せっかくだから滞在中にいろいろなレストランに行ったり、手に入る食材を使って料理することも楽しみたい。ここは大きな冷蔵庫や広いキッチンも整っていて、みんなで一緒に食事もできるので」といい、夕方に滞在者に声をかけ、料理をしたり、みんなで一緒に夕食をとろうと誘っていた。

運営スタッフの関与は「ココテラ」よりもさらに少ない。ニューヨークの「アウトサイト」ができてまだ数ヶ月ということが影響している可能性もあるが、定期的に掃除にやってくるスタッフとコミュニティ・マネージャーが時折顔を見せる程度である。そのために新たにやってきた宿泊客は事前に電子メールやウェブ、また建物内部の説明書きなどで一通りファシリティについて知ることはできるが、そこに書かれていないこと――例えば冷蔵庫の中身をどうするか、キッチン周りの器具をどのように使うか、洗剤の場所はどこか、またコワーキングスペースのプリンターをどう使うかなど――に関しては先にいる宿泊客に聞いたり、相談したり、協力しながら生活や仕事を進めていくことになる。

興味深いのは、おそらく意図されてはいないと思われるが、結果的にこうしたひとつひとつの「不便」が宿泊客同士のいわば「コミュニケーション・トリガー（Communication Trigger）」となって滞在しているワーカー同士で話すための環境が逆説的に整っている点である。つまり、非常に簡素化されたマニュアルのために、宿泊やコワーキングスペースに関する不明な点を他の宿泊客にコミュニケーションを取って聞かざるを得ない、あるいは聞くことが自然である状況が多く生み出されているのである。

「アウトサイト」で見られたのは、このようなサードプレイスでありながら顔見知りではなく、その「時々での顔なじみ」で構成される「エフェメラル（一時的・仮の）なコミュニティ」である。一般的なコワーキングスペースよりもその傾向は強い。なぜなら利用者はその都市に住んでいる住民というよりも、ジンメル（Simmel, G.）が言うような「今日訪れて明日は立ち去る」のではなく「今日訪れて明日もとどまる者」あるいは「潜在的な放浪者」とも言えるデジタル・ノマドたちが多いからである（Simmel 1908=1994）。それは例えるなら、電車に乗り合わせてたまたましゃべるよりも継続的で、顔見知りというほどではないくらいの距離感である。

エフェメラルあるいはポップアップなコミュニティ

ここまでタリファの「ココテラ」とニューヨークの「アウトサイト」の事例を見てきた。両者に共通するものはコミュニティ・マネージャーが常駐するわけでも、数年単位の常連となるワーカーがいるわけでもない点である。やって来る多くのワーカーは、「ココテラ」では一ヶ月、「アウトサイト」では数日から一週間で戻っていくワーケーションのワーカーや出張者、あるいは次の場所へと移動していくデジタル・ノマドたちである。ワーケーションで来ているワーカーたちは、前章で取り上げたコワーキングスペースに見られるような、ビジネスやスタートアップを意識したゲゼルシャフト的コミュニティやコラボラティブなコミュニティを強く求めて来ているわけではない。

ではそこにはコミュニティが見られないかというと、そういうわけではない。ワーケーションが行われているコワーキングスペースではビジネスを目的としたゲゼルシャフト的コミュニティやコラボラティブなコミュニティではなく、また地縁や血縁などにもとづいた「強い紐帯」によるコミュニティでもない、生活上の小さな協力や関与を生み出すゆるさ、寛容さ、あるいは「コミュニケーション・トリガー」が結果論的に機能することでゆるやかに形成されていくコミュニティが見られる。

こうしたコミュニティを協力や関与を生み出すためのさまざまなモノだけではなく、ワーカーや宿泊客などヒト、さらには説明不足や運営体制などの非物質的なものも含めた「ハイブリッドな集合体(hybrid collectif)」(Callon and Law 1995) として捉えるアクターネットワーク理論からも見ることも可能であろう。そして「タリファ・デジタル・ノマド」に見られるように、オフラインだけではなく、オンラインでも生活情報やイベント情報などがやり取りされ、それらはオフラインとシームレスに接続されている。

このようなワーケーションでの生活や彼ら彼女らの考えるライフスタイルを実現するためのゆるやかなコミュニティは、デジタル・ノマド、ワーケーションを行うワーカーたちが移動することで常に新陳代謝されているという意味で、永続的なコミュニティというよりも一時的なゆるいつながりによる「エフェメラル・コミュニティ」あるいは「ポップアップ・コミュニティ」とでも言えるものである。こうした「エフェメラル・コミュニティ」あるいは「ポップアップ・コミュニティ」は、場所に密接に関連し、強いつながりで長く続くことが良いとされていたコミュニティだけではなく、その場その場での弱いつながりで一時的な一体感を出すコミュニティが登場する余地が生まれたことを示唆している。

こうした傾向は近年のフラッシュ・モブ、渋谷スクランブル交差点でのハロウィン、音楽フェスの隆盛でも共通して見られるものであり、またインスタグラムのストーリーやスナップチャットなどに見られるような、一定期間が過ぎるとコンテンツが消えるエフェメラルSNSの登場など二〇一〇年代後半以降に見られる「エフェメラルの価値」の台頭とも連動しているものである。

それはデジタル・ノマドたちのモビリティや自由を重要視する価値観、またデジタル・ノマドでなくても一時滞在のワーカーたちのコミュニティにコミットし続けるのは避けたい・難しいが、そこに滞在している時には「コミュニティ的な感覚」を味わいたい、持ちたいという欲求を反映したものでもあると言えるだろう。逆に言えば、こうした「エフェメラル・コミュニティ」あるいは「ポップアップ・コミュニティ」がワーケーションにおけるワーカーたちの「ナウスタルジア」の受け皿になっているのである。

5・4　ワーケーションの意味

「重ねるワークスタイル」としてのワーケーション

本章ではワーケーションを事例に、そこで行われるワーカーたちの日常的実践にも注目しつつ、ワーケーションが行われるコワーキングスペースにおけるコミュニティや地域との関係性を見てきた。ワーケーションはデジタル・ノマドたちが移動しつつ、あるいは会社に勤めるワーカーたちが住んでいる場所から離れた場所で行われており、第四章で見たような都市におけるコワーキングスペースとは異なっている。

ワーケーションを行うコワーキングスペースは、リゾート（バケーション）であるのと同時に、オフィス（ワーク）でもある。ワーケーションを実践する場所として選ばれるリゾート地のコワーキングスペースの多くはその土地のローカルの感じを色濃く出すデザインになっている。例えば、「フブド」は竹を組み合わせたバリ風の建物であり、「ファブカフェ飛騨」は酒蔵を改装したものである。「ココテラ」はアンダルシア地方の白い壁を用いたデザインであるし、ニューヨークの「アウトサイト」はブルックリン風のデザインを取り入れている。こうしたその地域の色を出すデザインは、例えば「ウィーワーク」や「マインド・スペース」が世界中のどの拠点に行っても基本的には同じようなデザインがされており、だからこそワーカーがどの地域でも安心して利用できるようになっているのとは対照的である。

内装含め（それが分かりやす過ぎているとしても）「地域らしさ」を出すようにデザインされていることで可能になっているのは、その地域で余暇を過ごしているという「非日常」と、そこで仕事をしているという「日常」との重ね合わせである。ワーケーションは休暇中に仕事をする、あるいはワーク・ライフ・バランスのようなゼロサムの実践ではないということである。このような重ね合わせの状態は、ワークをするためにインターネットを通じ、常にオンラインの情報を参照できているからこそ実現できるバケーションのスタイルあるいはワークスタイルであり、セカンド・オフラインと捉えることができる。

インターネットを通じて常にオンラインの情報を参照できるからこその休暇と仕事の重ね合わせは場所の重なりというだけではなく、時間の重ね合わせという視点からも捉えることができる。第二章でも触れたが、一九世紀の産業革命、またそれに伴う鉄道の発達は近代以前とは決定的に異なる時間感覚をもたらした。それまでは地域ごとに異なる時間で日常生活が送られてきた。これは主観的に捉える「カイロス時間」でもある。しかし、一八四〇年代に鉄道運行が広がり、一八八四年にはグリニッジ標準時が世界的に採用されるなど、時計とそれを含んだアーキテクチャーによって各地の時間を均質化、抽象化した「時計時間」に次第に置き換えられていった。言い換えれば、地域など場所から時間が分離していったのである。

ルフェーブルも「いま、ここで生きられた時間」としての「カイロス時間」が「時計時間」によって駆逐されたことを指摘している（Lefebvre 1974=2000）。コミュニケーションが交通手段を指していた時代から、電話、ラジオやテレビの登場により世界中で瞬時につながることが可能になったことで「時計時間」による空間の征服が進んでいった。しかし、こうした通信技術の発展はさらにアーリが指摘したような「時計時間」のような線形的論理に代わり、社会的・技術的関係の同時的存在性として「瞬間的時間」の拡大をもたらしたのである（Urry 2000=2006）。

ワーケーションはこうした「瞬間的時間」をさらに個々人のレベルで、モバイルしつつ実現するテクノロジーであるモバイルメディアやソーシャルメディアによってもたらされた新たな経験の形式である。その結果、すでにここまでで見たように、ワーケーションにおいて、ワーカーたちは飛騨を、ウブドを、タリファを、ニューヨークを余暇として楽しみ、暮らす「カイロス的時間」を生きていると同時に、コワーキングスペースにおいてはフリーランスとして仕事を受注・担当している、あるいは勤めている会社の仕事をする「時計時間」も生きているのである。

また「フブド」をはじめ他の事例でも見られたのは、時差を調整してテレビ会議などでリアルタイムで打ち合わせをする、あるいは時差を活用して別の場所が夜の間に仕事を進めるといった仕事における「時間の編集」である。

「フブド」に見られるようにオフラインでミーティングをするスペースのすぐ横にスカイプなどのオンラインミーティングのためのスペースがあるというデザインは象徴的であろう。ワーケーションでは異なる地域の時差を活かすことで「抽象タイム」上では二四時間仕事を続けることが可能にもなる。

それと同時にスカイプや電話、テレビ会議などで「リアルタイム」にミーティングなどを行うこともまた可能である。そういった意味で、ワーケーションなどでグローバルに散ってチーム作業をする場合、こうした「抽象タイム」と「リアルタイム」の二つの時間を調整しつつ仕事をすることが可能なのである。このようにワーケーションはモバイル・メディアとオンラインへの常時接続を基盤にした「カイロス的時間」と「時計時間」、さらに「瞬間的時間」が同時並行的に重なり合ったワークスタイルであると言えるだろう。

スタイル共同体

ワーケーションで見られたコミュニティについても考察しておこう。すでに指摘したように、ワーケーションで見られるのは、ビジネスや企業を目的としたゲゼルシャフト的コミュニティやコラボラティブなコミュニティ、地元にもとづいた伝統的コミュニティとはまた異なる、そこでの生活情報などの交換やその場での不便をなんとかやりくりする一時的なゆるいつながりによるエフェメラル、あるいはポップアップなコミュニティであった。

さらに観察すると、そこで見出されたのは、ワーカーたちがこうしたエフェメラル、あるいはポップアップなコミュニティを通して、その地域あるいはコワーキングスペースでワーケーションをしている、あるいは移動しつつ働いているという一種のデジタル・ノマド的なワークスタイル、ライフスタイルを共有し、確認する行為である。つまり、ビジネスや起業あるいはそこでの生活など具体的な「利益」というよりも、こうしたワークスタイル、ライフスタイルを実践しているというスタイル（やマインドセット）の共有を目的としたコミュニティである。

こうしたコミュニティは「実践共同体」と対比させると、「スタイル共同体（Community of Styels）」とも言うべきものである。クリストファー（Christofer, P.）はファッションのスタイリングについてのウェブ上での情報流通やコミュニティの調査から「スタイル共同体（Community of Styles）」という概念を提起している。クリストファーは「スタイル共同体」とは、消費者たちが現在のトレンドに沿いながら好ましいスタイル表現をするためにどのようにブランドを組み合わせるかについて議論したり、示したりするためのプラットフォームを提供するものと位置づけている（Christofer 2014）。

実践共同体 (Community of Practice)		スタイル共同体 (Community of Styles)
ゲゼルシャフト的・コラボラティブ	性質	エフェメラル・ポップアップ
道具的（インストゥルメンタル）	目的	自己目的的（コンサマトリー）
ビジネス的な知識・スキル・ネットワークなど	共有されるもの	ワークスタイル・ライフスタイル

図表5・7　コミュニティの分類

「スタイル共同体」の概念はワーケーションを行うワーカーたちがつくるコミュニティにおいても援用できるだろう。すなわち、ゲゼルシャフト的コミュニティやコラボラティブなコミュニティを含む「実践共同体」が道具的（インストゥルメンタル：Instrumental）だとすると、エフェメラル・ポップアップに形成される「スタイル共同体」は、自己目的的（コンサマトリー：Consamatry）と位置づけられるだろう。ワーケーションを実践するワーカーたちがつながりやコミュニティに求めているのは、仕事や生活のための知識やスキル、ネットワークだけではなく、ワーケーションのようなワークスタイルやライフスタイルを共有し、確認するプラットフォームであると言える（図表5・7参照）。もちろん、この両者は相互排他的なものではなく、相互にもう一方の要素を内包していることも多い。

デジタル・ノマドが失うもの・揺るがすもの

会社に勤務・所属しているワーカーからするとワーケーションに限らずグローバルに移動するデジタル・ノマドたちのライフスタイルは確かに羨望の的であるかもしれないが、一方で自由を享受する気ままな生活、というだけでは済まない課題も抱えている。例えば「タリファ・デジタル・ノマド」で定期的に話題となるのはデジタル・ノマドの保険についてである。

医療などの保険はフリーランスで、世界中を移動するデジタル・ノマドにとって大きな問題である。通常の旅行保険ではカバーする期間が短いし、訪問する国がどれくらいカバーされているか、など確認すべき点も多い。近年ではデジタル・ノマドに対応した保険も登場している。例えば「セーフティ・ウイング（Safety Wing）」はデジタル・ノマドのための保険を割安で提供している。

また国家、行政にとってはデジタル・ノマドたちの納税をどのように取り扱うかは今後、課題となってくるだろう。さらに言えば、納税だけではなく、家族や学校教育など近代国家において基礎となっているさまざまな制度や慣習について、デジタル・ノマドたちが失うであろうものなのか、それともデジタル・ノマドたちが揺るがし、再構築を促しているものなのか、そのせめぎあいが続いている。

海外におけるフィールドワークから見えたのは、ワーケーションはあくまでワーカー個人の働き方の選択であるという意味合いが強い、ということである。コワーキングスペースがワーケーションを働き方のスタイルとして提示することはあっても、企業がワーケーションを制度として導入・後押ししていたり、地域がワーケーションを打ち出してワーカーや施設を招致するという動きはフィールドワークからは見いだせなかった。

一方で、日本におけるワーケーションの動きは、ワーカーからというよりも、企業の制度や地域の産業や政策が引っぱる現状と言えるだろう。こうしたワーケーションをめぐるワーカー、企業、地域の「マーケットイン／プロダクトアウト」「プッシュ／プル」の動きについては本書では扱いきれなかった部分であり、今後さらに調査が必要となる部分である。

第三章以降、ここまでとりわけ二一世紀以降のワークプレイス、ワークスタイルの拡大について見てきた。生産性向上、イノベーション、クリエイティブなどを重視すると同時にワーク・ライフ・バランス、健康経営、事業継続計画（ＢＣＰ）も維持するという流れを受け、クリエイティブ・オフィスなどワークプレイスとしてのオフィスの展開とテレワークなどリモートワークが拡大していった。街で生じるスキマ時間、スキマ空間にもワークプレイスが拡大していく中で、フリーランス、デジタル・ノマドなどのワークスタイルが見られるようになった。こうしたワークプレイス、ワークスタイルの流れは「働く」という文脈において、時間と空間の配置に対する権限を企業とワーカー自身の間でどのように配分するか、ということに対する一種の「闘争」とも捉えることができた。こうしたリモートワーカー、フリーランス、デジタル・ノマドなどの働く場所として、コワーキングスペースが二〇一〇年以降増加していった。

コワーキングスペースはそこで働くワーカーたちが情報交換をしたり、モチベーションを保つためのコミュニティであったが、同時に企業側も新規事業開発、オープン・イノベーションへの志向からコミットするようになり、起業志望やスタートアップなども含めた生態系となっている。

こうしたコワーキングスペースは都市部に限らずさまざまな地域にも展開していった。とりわけリゾート地などではワーケーションとして休暇を取りながら働くためのコワーキングスペースも増加していった。こうしたコワーキングスペースはビジネス目的だけではなく、ワークスタイルを共有したり、確認する「スタイル共同体」が形成されていた。また都市部、リゾート地ともにコミュニティが形成される場としてのコワーキングスペースとそれが立地する都市や地域との関連の仕方は多様である。

次章ではこれまで見てきた二一世紀に登場したワークプレイス、ワークスタイルが示す変容がどのように捉えられるか、どのようになっていくか、について考察していく。

（1） nulab, 二〇一八年六月二七日プレスリリース（二〇一八年一〇月一〇日取得、https://nulab-inc.com/ja/press-release/pr-1806-resort-work/）。

（2） JAL（2017）「JALは、テレワークを推進し、働き方改革を進めます」（プレスリリース）、二〇一七年七月一二日（二〇一九年四月二〇日取得、http://press.jal.co.jp/ja/release/201707/004350.html）

（3） 総務省は二〇一六年に「お試しサテライトオフィス」プロジェクトとして予算を計上するなど、行政によるサテライトオフィス展開、移住などによる地域活性化推進の動きも見られる。神山町含む徳島県も弘前（青森）、大館（秋田）、鯖江（福井）、松江（島根）、錦江町（鹿児島）などと共に同プロジェクトに採択されている。

（4） GBTA（Global Business Travel Association）, 2017,「Extending Business Travel into Leisure Time-Bleisure Study」二〇一七年六月（二〇一九年四月二〇日取得、www3.gbta.org/l/5572/2017-06-02/55llxn）

（5） ウブドの「フブド」については宿泊施設が併設されていないため近隣に宿泊し、日中に滞在する形とした。

（6） フィールドノート（二〇一七年三月一日）における会話記録より。

（7） 高山市商工観光部観光課、平成二九年観光統計（二〇一八年一〇月一〇日取得、http://www.city.takayama.lg.jp/_res/projects/default_project/_page_/001/009/576/h29kankoutoukei.pdf）。

（8） 聞き取りは二〇一六年一一月一一日に行った。

（9） 同上。

（10） 徳島県神山町は一九九九年より「神山アーティストインレジデンス事業」を展開しており、またその事業での経験も活かしつつ、二〇〇七年よりNPO法人グリーンバレーを中心に、空き店舗や事務所などのマッチング、人材紹介、人材育成などを含む若者向けの移住支援プログラムとして「ワークインレジデンス」を展開している。

（11）国連世界観光機関（UNWTO），2018, UNWTO Tourism Highlights（二〇一八年一〇月一〇日取得，http://media.unwto.org/content/infographics）。

（12）聞き取りは二〇一八年六月二二日に行った。

（13）フェイスブックページ「Tarifa Digital Nomad」における二〇一八年六月一日から二〇一九年二月二八日までの投稿を対象とした。ひとつの投稿に複数の要素（例えば，生活情報の提供呼びかけと専門スキルの提示など）がある場合はそれぞれ分けてカウントした。このような複数要素の投稿は四件あった。

（14）フィールドノート（二〇一八年七月一〇日）における会話記録より。

＊図表5・1は「ビジネスモデル図解ツールキット配布版」（https://docs.google.com/presentation/d/183DSeFUmEWogdMAm1RKXq41kkWwAbyACy-jh4v-4ws/edit#slide=id.g3f269ebfe3_71_0）を使用して筆者作成。

第六章　私たちの働くはどこに向かうのか？

6・1　これまでの議論を振り返って

本書ではワークプレイス、ワークスタイルとメディアとの関係について分析を進めてきた。まずはここまでの議論を振り返っておこう。第一章、第二章では、モバイルメディア、ソーシャルメディアの発展・普及を取り上げ、それが私たちのコミュニケーションや人間関係、また時間・空間感覚にもたらす変容について見てきた。近年のスマートフォンが可能にしたセカンド・オフラインは、「いつでも・どこでも」つながったことを前提にして、「いま・ここ」を新たしい形の経験として生み出した。

こうしたメディア論での議論を踏まえつつ、そこで再検討が迫られる「いま・ここ」における場所について、グラウンドレベルやタクティカル・アーバニズムなど近年の都市における場、コミュニティについての実践を取り上げ、その背景にある場所と空間を巡る地理学・都市論などの領域の研究を概観した。そして、これらの実践は、近代化・情報化によって均質化・画一化された都市空間に対してセルトーがいうところの日常的な実践によって「場所」を取り戻す動きと重ねて見ることができる。このように考えると、オフィスを中心としたワークプレイスは、さまざまな場所をつなげ、集約する「つなげる場所（Connecting Place）」からひとつの場所にさまざまな状況や活動を重ねる「重ねる場所（Superimposed Place）」への変容と捉えることができる。このように私たちのモビリティが高まることによって、これまで働いていた場所の意味が変容する、そして、これまで働く場所ではなかった場所が働く場所になる、という二つの変化が主題となった。

第三章から第五章にかけては「重ねる空間」としてのワークプレイスを、クリエティブ・オフィスの流れからテレワーク、コワーキングスペース、ワーケーションと拡大・拡散していく流れを順に挙げつつ、とりわけコワーキングスペース、ワーケーションにおいてワーカーたちがワークプレイスを「表象の空間」としてどのように自分たちのものとして実践しているのか、そこで形成される場所やコミュニティはどのようなものなのか、を中心に検討した。そこで示されたのは、コワーキングスペースなどにおいて起業やイノベーションのための有用な情報を交換したり、生み出す「実践共同体」と並んで、ワーケーションなどで形成されているのは数週間〜数ヶ月という単位で形成される、エフェメラル（一時的・仮初めな）でありながらも、ワーカーたちがそれぞれのワークスタイルを確認し、形成していくための「スタイル共同体」であった。

これらを踏まえ、終章では、オフィスから、サテライトオフィス、コワーキングスペース、さらには都市空間を含めた「ワークプレイスの生態系」をどのように捉えていけばよいのか、その中でこれまでワークプレイスの中心を担っていたオフィスがどのようになっていくのか。それと同時に、こうした「ワークプレイスの生態系」の中で再帰的に捉え直されるであろう私たちのワークスタイルはどのようなものになっていくのか、それらについて本書の結論と今後の展望を示したい。

6・2　ワークプレイスの未来

モニュメントとしてのオフィス

これまでの章で述べたように、ワークプレイスは、まずオフィスがクリエイティブ・オフィスへと変容していくと同時に、テレワーク、モバイルワークなどの普及によってカフェやコワーキングスペース、サテライトオフィスさらにはカラオケボックスや自動車、駅などの「中間空間」「非場所」へと拡張・拡散していった。またそれはワーカーの生活圏である都市にとどまらず、ワーケーションに見られるように出張あるいはバケーション先の都市、リゾート地にまで広がっていった。これらさまざまな場所を含んだ「ワークプレイスの生態系」は、二〇世紀半ばにアメリカの技術者バラン（Baran, P.）が提唱したネットワーク構造の展開を比喩に考えることができる。すなわち、ひとつの中心を持つ「中央集権型（Centered）のネットワーク」から、複数の中心を持つ「脱中心型（Decentralized）のネットワーク」へ、さらに中心がなくそれぞれが相互に結びつく「分散型（Distributed）のネットワーク」へ、というネットワーク構造の変遷である（図表6・1参照、Baran 1962）。分散型のネットワークはインターネットの原型となる構造でもある。

オフィスを中心とした「ワークプレイスの生態系」は、オフィスにワーカーたちが集まってくると

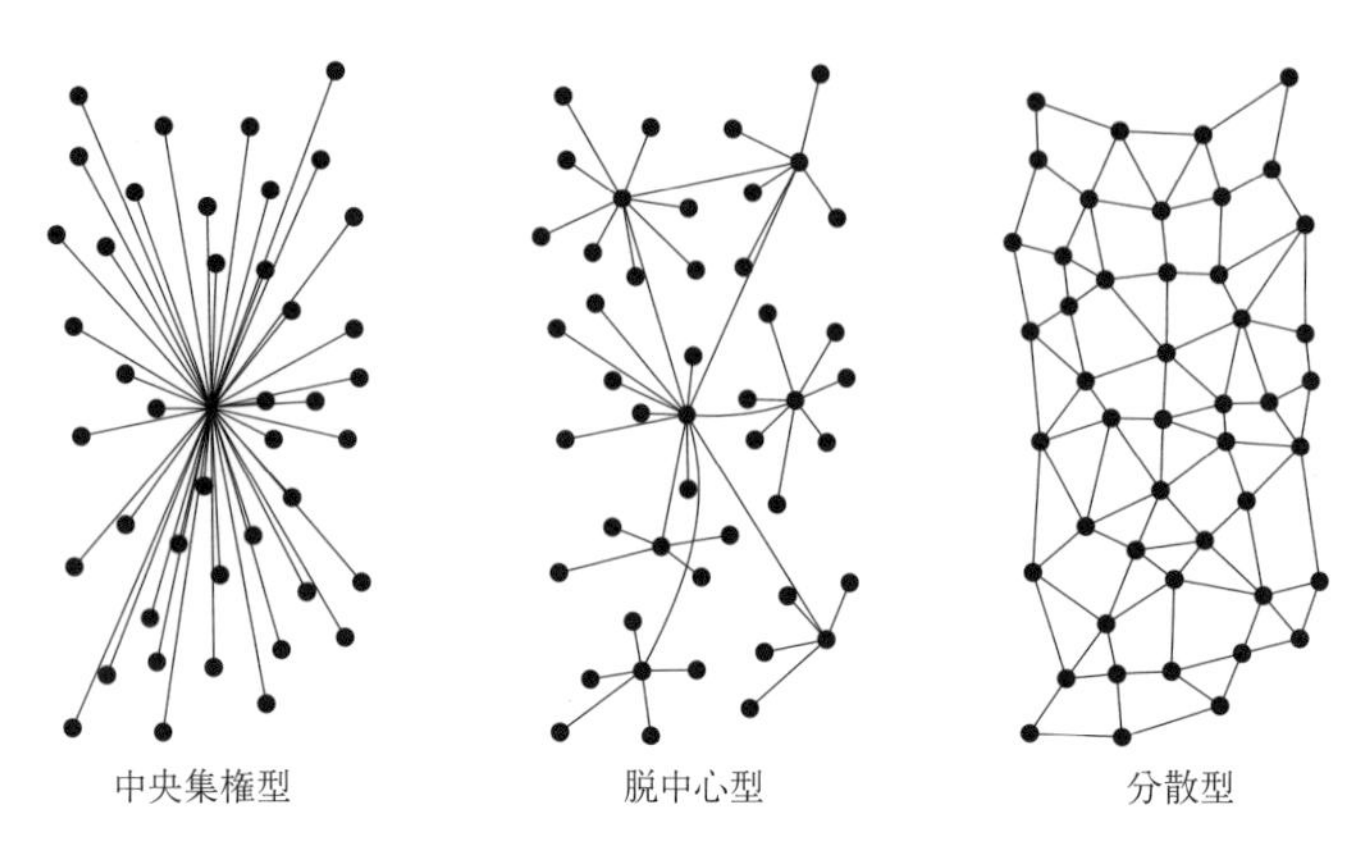

図表6・1　中央集権型・脱中心型・分散型ネットワーク

出典：Baran, P., 1962, "On Distributed Communication Networks", RAND,（Retrieved September 10, 2018, https://www.rand.org/content/dam/rand/pubs/papers/2005/P2626.pdf）.

いう意味で中央集権的であった。テレワーク、リモートワークなどによって自宅やサテライトオフィスへ展開されるようになると徐々に脱中心的なネットワークになってくる。さらに、都市における「中間空間」や「非場所」、またワーケーションのようにグローバルに展開していくようになると、分散型のネットワーク構造になる。現代のワーカーたちはモバイルメディアを活用し、常にオンラインの情報を参照しながら動くというモビリティの高い状況はまさしくインターネット的であり、そのようなワークスタイルは総体として見た場合、必然的に分散型になっていく。

ノンテリトリアル・オフィス、リモートワーク、ワーケーションなどはモバイルＰＣやスマートフォン、タブレットなどのモバイルメディア、そしてインターネットへの常時接続を前提としている。こうしたワークスタイルは、基本的に「オフライン・固定的」で、必要な時にオンラインでやり取りしたり、柔軟に動いたりといったものではなく、「オンライン・流動的」であることが前提で、必要な時にオフラインで集まってコミュニケーションや作業をするといった「モビリティ・ファースト」なのである。もちろん、「モビリティ・ファースト」は物理的なオフィスが不必要であることを意味しない。すでに見てきたように、クリエイティブやイノベーションが求められる現代では、オフラインはこれまでとは異なる意味において、むしろこれまで以上に重要な要素になっている。

またワーカー同士のコミュニケーションという意味でもオフラインのオフィスは重要である。例えば、二〇一一年に設立されたソフトウェアのスタートアップの「インビジョン（InVision）」は七〇〇人の社員を抱えるまでになったが、全員がリモートワークで仕事をしている。こうした企業は、数日〜一週間で社員が集まり、お互いを知るイベントを催すことが多い。実際にインビジョンも二〇一八年二月にワーカーがお互いに知るためのレクリエーション・イベントを開催した[1]。

日本にあるＩＴ企業のヌーラボも国内以外に世界中からリモートワークをする社員がいるが、「ジェネラル・ミーティング（General Meeting）」と呼ばれる社員総会を開催し、社員が相互に知り合う機会を提供している。アンケートでは、自身が所属するチームメンバー以外との会話量について平均三九・六％増加したと感じていると回答し、また七九・二％の社員が「性格や特性が分かり親しみが持てた」、七一・八％の社員が「仕事の依頼や相談がしやすくなった」と回答したという[2]。もちろん全員がリモートワークでもコミュニケーションをとることができるが、実際に会ったことがない人よりも、会ったことのある人の方が円滑にコミュニケーションをとることができる。

これらの取り組みに見られるように、「モビリティ・ファースト」を前提としているからこそ、日々のコミュニケーションの円滑化のためのオフラインでの仕掛けが重要になってくる。繰り返しになるが、それはかつての意味でのオフラインへの揺り戻しではなく、オンラインの情報を常に参照することができるからこそ、その価値が問われるという意味で、二次的なオフライン、すなわちセカンド・オフラインなのである。

それでは、こうした「モビリティ・ファースト」のワークスタイルに対して、セカンド・オフライン的な場所としてのオフィスはどのような存在になっていくのか。それはひとことで言えば「モニュメント」としてのオフィスであろう。モニュメントとはラテン語の「monumentum：想起させる」から派生した言葉で、文化・社会的な出来事、人物などを後世の人びとの記憶にとどめる、あるいは文字通り想起させるための人工物である。つまり、オフィスが「あえて」物理的な場所として、「あえて」ワーカーたちが集まる意味を提供するなら、その企業が重視している、またこれまでに蓄積してきた価値観を象徴するモニュメントとしてデザインされていることが重要になってくる。

確かに、どれだけ機能的にデザインされているか、あるいはどれだけクリエイティブにデザインされているかはワーカーたちがオフラインで来たくなるという意味においては重要である。しかし、それ以上に、オフィスはセカンド・オフライン的な場所、そして同時に、分散型であることを前提とした「中央集権型オフィス2・0」としてのモニュメント的な場所となり、そこで働くワーカーや訪問客がその企業の象徴的な価値を感じられ、確認できるかが今後より重要になってくるだろう。このように、オフィスは機能的であっても均質的で画一的な「空間」ではなく、経験が蓄積した他には替えがたい「場所」となるようにデザインされる必要があるだろう。

オフィスにおけるコンサマトリーな空間

　第一章でも指摘したように、モバイルメディア、ソーシャルメディアは用件を伝えるための「インストゥルメンタルなコミュニケーション」に加え、コミュニケーションそのものを目的とした「コンサマトリーなコミュニケーション」の増加につながった。コンサマトリーなコミュニケーションはそれ自体が目的のため、用件や効率性から考えると「無駄なもの」である。しかし、コンサマトリーなコミュニケーションは、顔文字やケータイ小説、またインスタ映えなど若者たち独自のコミュニケーション様式にもとづいた新たな文化を生み出し、クリエイティブやイノベーションの土壌となりうるものでもあった。

　こうした「インストゥルメンタル／コンサマトリー」という類型をワークプレイスに当てはめてみよう。オフィスはかつては執務スペース、会議室、喫煙所、給湯室など何かを目的としたスペースの組み合わせによって構成されていた。しかし、現在増えつつあるのは一見仕事と関係ないスペースも含めて組み合わされるクリエイティブ・オフィス、また空間ではなく活動をベースとして可変的に構成できるようにデザインされているＡＢＷである。これらは何かをするための空間というインストゥルメンタルな視点ではなく、そこにいる・集まること自体を目的としたコンサマトリーな視点によってデザインされた空間である。また近年オフィスの内部と外部との間に「グレーゾーン」を設ける事例が見られるようになったが、これもコンサマトリーな空間の例と言えるだろう。

　例えば、ヤフージャパンのオフィスに二〇一六年に設置された「ＬＯＤＧＥ」はオープンコラボレーションスペースとして、社員も利用すると同時に、社外の人も受付をすれば使えるようになっている。また二〇一八年にはアマゾンの日本オフィスの一部にサンフランシスコ、ニューヨークに続いて「AWS Loft Tokyo」を開設した。ここもコワーキングスペースとして無料で開放しつつ、AWS（Amazon Web Service）の技術者と相談できるようになっている。コワーキングスペースやワーケーションで検討したように、コミュニティにとって、多様性を維持し、同質的になりすぎることを避けることは重要な命題となる。企業においても外部と連携しつつイノベーションを生み出すオープン・イノベーションは重要なテーマとなっている中で、こうした企業内部の人材や情報、技術を含めたリソースと外部のスタートアップやフリーランスなどが混じり合う「グレーゾーン」をつくることはひとつのアプローチになりうるだろう。

以上で見てきたように、これからのオフィスはその企業の価値観が蓄積された象徴的な場所としてワーカー、そして外部の人たちも含めて認識、経験できるようなモニュメント・オフィスとなることが期待される。それはそこでの仕事が効率的、機能的にできるというだけではなく、そこに行くこと、集まること自体が目的となるような、コンサマトリーな要素を組み入れることが有効なアプローチになりうる。なぜなら、こうしたコンサマトリーな空間は余白や偶然性を産み、クリエイティブやイノベーションにつながりうること、加えて、そこに集うワーカーたちが「日常的な実践」を蓄積していくことで「空間」から「場所」になるための契機になるという二重の意味で重要だからである。しかし、それはオフィスだけにとどまることではなく、オフィスがある都市など外部も含めて捉える必要がある。

インプロビゼーション的な場としてのオフィス

「モビリティ・ファースト」による「ワークプレイスの生態系」が都市全体に広がっている中で、オフィスだけでワークプレイスが完結するのではなく、ワークプレイスを形成する都市におけるひとつの要素としてオフィスを位置づけることが求められる。つまり、オフィスは内部のデザインだけではなく、都市という文脈からも位置づけられる必要がある。それは景観的に周囲と調和するということもあるが、それ以上に、周りの建築や、都市の住民、ワーカーを含めた活動と相互参照しながら機能することが重要になる。それはひとことで言えば「インプロビゼーション的な場」としてのオフィスである。

「インプロビゼーション（Improvisation）」とは即興で何かをしたり、つくったりするという意味の言葉で、より具体的には即興演劇、あるいはジャズなどの即興演奏を指し、「インプロ」と略されることも多い。インプロで重要だとされているのは、相手の発言や行為をよく観察し、それを否定するのではなく受け止め、自らの主張も組み入れつつ、建設的に展開していく「Ｙｅｓ、ａｎｄ」の概念と実践である。こうした「Ｙｅｓ、ａｎｄ」の概念と実践によって展開されるインプロは、全体のストーリー（構造）があってそれに従うのではなく、そこに参加している人たちが相互にひとつひとつの場面（部分）を積み重ねて展開することでストーリーになることが特徴である。

こうしたインプロの考え方は演劇などのように人と人とのコミュニケーションにおいてだけではなく、人と場所、場所と場所というレベルでも適用しうるのではないだろうか。第二章で見たようなコペンハーゲンなど人間中心の街、喫茶ランドリーなどのグラウンドレベルの場所づくり、タクティカル・アーバニズムは、そこに暮らす人々の「日常的な実践」をアフォードするための仕組みや場所づくりであった。しかし、それは都市における人同士だけではなく、インプロビゼーションを人々と場、場と場にまで拡張しているものとも位置づけられるだろう。つまり、本書で取り上げたニューヨーク、ベルリン、タリファ、飛騨、バリ、コペンハーゲン、サンフランシスコ、ユトレヒトなどさまざまな都市で見られたワークプレイスの事例は、人同士、人と場所、場所と場所におけるインプロビゼーション的な場の生成プロセスとしても捉えることができるのである。

これまでは街づくりやカフェ、コワーキングスペースなどがこうしたインプロビゼーション的な場を生成していたが、今後はオフィスもこうした都市におけるインプロビゼーションに積極的に関与することが求められるだろう。なぜなら、クリエイティブ都市論でも見られるように、都市における三つのT（Technology：技術、Talent：才能、Tolerance：寛容）がクリエイティブ層のワーカーたちを引きつける魅力であり、インプロビゼーションはまさにこうした三つのTを受け入れる、あるいは育てる素地となり、そうした都市あるいは地域を「選ぶ」のではなく、「つくる」ことこそがクリエイティブやイノベーションにおいて重要になるからである。例えば、先ほど挙げた「ＬＯＤＧＥ」は現在はオフィスビルの内部にあるが、セキュリティの課題などを解決しつつ、街路と面するグラウンドレベルで展開されていくことも考えられるだろう。

6・3　ワークスタイルの未来

テクノロジーがワーカーにもたらす二つの視点

　ワーカーにとってテクノロジーによるワークスタイルの変容と展望は二つの視点から捉えられる。ひとつは「参入」である。すでに指摘されているように、テレワーク、リモートワークが普及することで自宅や近くのサテライトオフィス、コワーキングスペースで働けるようになることは、出産や育児、介護など家族環境、あるいは病気や障がいといった健康状態などが理由でこれまで通勤や転勤を含む「ふつうの働き方」から疎外されてきた人たちが労働市場で残る・新たに参入するための有効な手段となりうる。これは少子高齢化が進行し、労働人口が減少していく中で人材の確保という企業側からの視点とも合致している。

　もうひとつは「人間らしさ」にまつわるものである。ＡＩやロボットが普及し、ＲＰＡ（Robotics Process Automation：ロボット業務自動化）に見られるように機械的な作業は代替され、「人間らしさ」が重要になることは指摘されている。その「人間らしさ」はクリエイティブやイノベーションだけではなく、ＡＩやロボットなど自動化を前提として、新たに登場するそれらに寄り添ったり、調整するスキルや能力も含まれ、その需要が生まれるだろう。

　いずれにせよ、テクノロジーに代替できない「人間らしさ」を獲得・維持するために学ぶ続けることが求められ、それができないワーカーは働くことから疎外されたり、あるいは高スキル層とそうでない層との階層分化が深刻化したりすることにもつながりかねない。こうした中で、私たちの働く、はどのような方向性を取るべきなのか。

コミュニティ・ホッピングの時代

近代社会においては労働と余暇、日常と非日常とが二項対立的に捉えられていた。しかし、今日においてモバイルメディアとソーシャルメディアはそれらを二項対立的なものからミクスチュア、編集することで重ねるものにしていった。

第四章、第五章でも述べたように、コワーキングスペースでは、多様な人が集まってコラボレーションすることによって実践的なスキルや知識を交換したり生み出したりするための「実践共同体」が形成されていた。しかし、それと同時にワーケーションの事例からは、そうしたスキルや知識というよりも、ワークスタイルに関する価値観や実践を確認・共有するための「スタイル共同体」とも呼べるものが形成されていることを指摘した。

これらの共同体は二律背反的なものではない。あるときは「実践共同体」のメンバーとして、またあるときは「スタイル共同体」のメンバーとして複数のコミュニティをホッピングしたり、重ねたりするように関与することが可能である。すなわち、オフィスをメインにし、実践共同体もスタイル共同体もある程度固定的であった時代から、ワーカーがどのようなコミュニティにどのように関与するかを自ら編集し、カスタマイズし、所属するコミュニティのポートフォリオをデザインすることがキャリアにとって重要になる時代になると予想される。その結果、情報を「フォルダ」として分類するのではなく、「タグ」を付けるように、仕事と私生活、業務と趣味、個人と組織、コミュニティ間の境界を緩やかに超えたり、重ねるような生活や社会になっていくだろう。

コミュニティへの関与の編集、カスタマイズは第五章でも指摘したアーリの「ネットワーク資本」

に加えて、二つの要素を調整していくことによって行われる。ひとつはワーカー自身の「モビリティ」の調整である。テレワークやリモートワークなどを自宅やオフィス、カフェなど生活圏内で行う生活圏内レベル、都市や地域に複数の拠点をつくって行う多拠点レベル、そしてその拠点がさらに多くなってくる、あるいは無拠点とも言えるノマドレベルがありうるだろう。

近年は多拠点レベルのワーカーも徐々に増えている。これまで都市で働いている人が自然豊かな場所でも過ごそうと思うと、そうした地域に移住する以外に手段はなかった。しかし、二〇一四年に発表された国土交通省『平成二五年度地方部における新たなライフスタイルの実現に関する調査報告書』によると、テレワークやリモートワークなどテクノロジーや柔軟な働き方に関する社内制度などが増えてきたことを背景に、都市部と地域を組み合わせて多拠点で生活・仕事をする人が増えている。また、総務省「平成二五年住宅・土地統計調査」によると二〇一三年の時点で約八二〇万戸（総戸数の約一三・五％）が空き家であり、今後さらに増えると予想される「空き家問題」も表面化しつつある。

こうした流れと対応するようにコリビングとサブスクリプションモデルを組み合わせた月額居住サービスも広がりつつある。例えば、二〇一八年二月には「ホステル・ライフ（Hostel Life）」というゲストハウスへの月額定額サービスが開始され、同年十一月には提携するゲストハウスは日本全国の一五ヶ所にまで広がった。二〇一九年一月には住居、働く場所、地方をシェアし、世界を旅しながら働くをコンセプトに「Home away from Home：第2のふるさと」の頭文字を取った「ＨａｆＨ」、また四月には同様のサービスとして「ＡＤＤｒｅｓｓ（アドレス）」が開始された[3]。多拠点生活は地域にとっても活性化のひとつの要素として捉えられる。

二〇一〇年代後半以降、地域の活性化を語るときに「関係人口」という言葉が用いられるケースが増えてきた。関係人口とは、総務省によると、移住した「定住人口」でもなく、観光に来た「交流人口」でもない、地域にルーツを持っていたり、地域の人びとと多様に関わる人たちを指す[4]。こうした関係人口に注目が集まる背景には多拠点生活の増加を挙げることができるだろう。またこうした多拠点生活、関係人口といった切り口は地域だけではなく、企業にとってもワーカーたちが新たな刺激やつながりを持つという意味で肯定的に捉えることができる。ワーケーションもより期間を区切った多拠点生活と言えるだろう。

もうひとつは自分の「肩書」の調整である。序章「人生一〇〇年時代」の中で私たちはグラットンがいう、自分のキャリアを考えたり、新たな知識やスキルなどを身につける「エクスプローラー」、企業に所属するのではなくフリーランス的に自分で仕事を行う「インディペンデント・プロデューサー」、さまざまな活動を組み合わせて並行的に行う「ポートフォリオ・ワーカー」、またステージを移行するための「トランジション」というマルチ・ステージを生きる時代になることを指摘した。

複数の肩書を持つということはこのうち「ポートフォリオ・ワーカー」にあたる。複数の肩書を持つことはこれまでもプロボノ（Pro bono publico）やパラレル・キャリアのような考え方、二〇〇九年から活動を開始したＮＰＯ法人「二枚目の名刺」などに見られるように、これまでもその萌芽的な活動もあったが、さらに、ここ数年で複業・副業を容認していく流れは大きくなりつつある。すでに複業・副業を認めていたリクルート、サイボウズなどの企業に加えて、二〇一七年にはソフトバンクや神戸市など、また二〇一八年からは新生銀行、エイチ・アイ・エスなど、ＩＴ企業以外の銀行や公務員においても複業・副業を解禁するところが増えてきた。

このように複数の仕事に従事することは、「弱い紐帯」あるいは実践共同体としてのコミュニティを複数持つことであり、異なるコミュニティを自分の中で相互作用させることによってやりがいを感じたり、生活の豊かさや自分の価値を高めたりすることが重要であり、越境学習の文脈からも位置づけることができる（石山 2015, 2018 など）。このように所属する会社が自明的にコミュニティを示す時代から、自らが越境し、実践共同体、そして「スタイル共同体」といったコミュニティを重ねつつ組み合わせることでワーカーとしての自分を規定する時代では働き方について自己の裁量が大きくなるにつれて、再帰的に自分のスタイルを形成していくことが重要になるであろう。そのため、自らの働き方や価値観といったスタイルを振り返ったり、確認したりする「スタイル共同体」の持つ影響力は今後はより大きくなっていくと考えられる。

序章でも紹介したように、「ウィーワーク」がワークプレイスのシェアから、ウィーリブ（WeLive）のような生活、ウィーグロウ（WeGrow）のような教育といった領域に展開しているのも、「スタイル共同体」の重要性を認知し、それをワークプレイスにとどまらずに、より包括的に「スタイル共同体」を形成している動きとして捉えることができるだろう。つまり、「ウィーワーク」をはじめコワーキングスペースやワークプレイスに関わる企業は、単にワークプレイスを提供しているのではなく、コミュニティやそこから生まれる価値をビジネスの軸にするように動いていると言える。

テクノロジーに支援されたモビリティによって、本書が示したように、多くのワーカーが複数の地域や肩書を調整しつつ、コミュニティを移動して回る「コミュニティ・ホッピング」が可能になっており、そうした流れはテクノロジーの進展を背景に、欧米を中心に勢いを増している。しかし一方で、すべてのワーカーが多拠点やワーケーション、複数のコミュニティをホッピングすることに積極的というわけではない。そこで求められるのは、自分を律したり、モチベーションを向上・維持するなどいわば「自分自身へのリーダーシップ」と時間管理を含めた効率性・生産性向上のためのスキルを向上・維持する「内発的なモビリティ」である。ただし、これを自己の責任として管理しなければならないということが過度に煽られ、一種の圧力となると、それができないワーカーたちを疎外する可能性を秘めている。そうした状況に対応するため、教育機関、企業を含めてワーカーの「自分自身へのリーダーシップ」と「内発的モビリティ」をサポートすることも重要になってくるだろう。

コンヴィヴィアルなワークスタイルへ

長時間労働による疲弊、ハラスメント、過労死など働き方に関わる課題は、「生きるための仕事」から「仕事のために生きる」になってしまったことの現れとも言える。それに対抗するために、ワーカーがどのようなコミュニティにどのように関与するかを自ら編集し、カスタマイズしていくコミュニティ・ホッピングの時代における働き方は、イリイチの「コンヴィヴィアル」の概念から捉えることができる。

イリイチ（Illich, I.）は一九七〇年代に学校や病院を取り上げ、それらが近代において過度に専門化、制度化したことで、こうした権威としての制度への強制参加、また制度の外にあるものを教育あるいは医療ではないものとして扱うようになった状況を批判的に指摘し、「脱学校」「脱病院」の社会の可能性を論じた。おそらく同様のことがオフィスにも当てはまる。すなわち、ホワイトカラーが増加し、オフィスに集約されたことで、とりわけ新卒一括採用、年功序列、終身雇用などの日本的な雇用システムは、ワーカーにとって「就社」とも言われるような状況になり、就職活動というトランジション（移行期間）を挟み、教育システムとも連動するようになった。そのため目指されるのは「脱オフィス化社会」であるが、もちろん脱学校、脱病院と同様に「脱オフィス化社会」も現行のオフィスやホワイトカラーの廃止を意味しているわけではない。オフィスに象徴されるシステムによって、過度に私たちの働き方が制御されないような方途を探るものでなければならないだろう。コワーキングスペース、フリーランス、ワーケーションなどはこうした文脈から捉えることができる。

イリイチは産業主義の対照として「コンヴィヴィアル（Convivial）：自立共生」という概念を提示した。イリイチはコンヴィヴィアルを「人間的な相互依存のうちに実現された個的自由であり、またそのようなものとして固有の倫理的価値をなすもの」（Illich 1973=2015: 40）と位置づけ、「自立的な仕事」について「自立共生的な仕事のための条件は、これまで存在しなかった力能の公正な分配を可能にするような構造的配置である。脱産業主義的社会は、自分を仕事において表現する個の能力が、他の個に共生的に労働させたり教え込んだり消費させたりするのを、条件として必要とすることがないように構築されねばならないし、また構築することができるのだ」（Illich 1973=2015: 43）と指摘した。

そこでイリイチが注目するのは「道具」である。イリイチがいう「道具」はハードウェア、モノを生み出す生産施設、サービス含めた生産システムなども包含している。すなわち「自立共生的道具」

とは「それを用いる各人に、おのれの想像力の結果として環境を豊かなものにする最大の機会を与える道具のことである」(Illich 1973=2015：59) と位置づける。

本書で示したテレワーク、リモートワークなどの制度、クリエイティブ・オフィスやサテライトオフィス、コワーキングスペースなどの空間、ワーケーションなどのスタイルは仕事、働く場所、働き方が分離していく過程であり、新たに編集し直される過程でもあった。その中で、モバイルメディア、ソーシャルメディアはオフィスに象徴されるワークスタイルを拡張するためではなく、「自立共生的道具」としての役割が期待されることになる。

これまでは転勤や育児、介護などによる休職・退職など「犠牲」にするものが多すぎた。モバイルメディア、ソーシャルメディアはワーカーひとりひとりがワークプレイスをつくりだすことを可能にする道具というだけではなく、それを用いてこれまでのワークスタイルによる「犠牲」を減少させるコンヴィヴィアルなワークスタイルを模索する時代、社会になっている。先に紹介した、パラレルワーク、多拠点生活などはそうしたワークスタイルの実践であると言えるだろう。

コンヴィヴィアルなワークスタイルが模索され、フリーランスやプロジェクト的に働く人が増えることによって「優秀な人材」の定義も変わってくると考えられる。なぜ仕事をするのか「ｗｈｙ」、何が(自分の)仕事なのか「ｗｈａｔ」、どのように仕事をするのか「ｈｏｗ」を、ワーカー自身で認識することが必要であり、フリーランスであれば明示的に示す、サラリーマンであれば会社と調整する必要があるだろう。

こうした人材はこれまで組織にとってはもしかすると面倒なことを言う「煙たい」存在であったか

もしれないが、これらを示す、調整できる人こそが「優秀な人材」であり、企業にとってはそうした人材と内包化したり、関係を保ちつづけたりする寛容性が重要になってくる。

一方でそれが可能な業種や業界には偏りがあり、企業内でテレワークやリモートワークなど場所に囚われないさまざまな働き方に親和性のある部門とそうでない部門がある、また業界内で大企業の自由な働き方は下請け企業のワーカーたちの働き方の犠牲によって成立している一面も見逃してはならないだろう。こうした「働き方の分断」はワーカーの新たな階層分化、格差を惹起することになる。モバイルメディア、ソーシャルメディアが可能にした「働く」を巡る「いつでも・どこでも」にはこのような光と影がある。

しかし、くりかえしになるが、「光」にせよ、「影」にせよ、その意識や行動、結果をワーカー個人の自己責任だけに帰すことは避けなければならない。行政、企業、学校も含め働くことに関わるシステムの見直し、再設計など「アーキテクチャ的な解決」を進める必要があるだろう。

そのためには、柔軟な働き方において「数字として測定可能」なデータによるエビデンスも必要となってくる。ただし、その際に生産性をどのように捉えるのか、何を効果とするのか、には慎重にならなければならない。本書が今後、そうした議論や調査・制度設計を広げるきっかけとなっていれば幸いである。

（1） Business Insider, October, 6, 2018,（Retrieved September 10, 2018, https://www.businessinsider.de/

invision-startup-all-employees-work-remotely-2018-9?r=US&IR=T).

（2） nulab, 二〇一八年九月一五日（二〇一八年一〇月一〇日取得、https://nulab-inc.com/ja/press-release/pr-1809-general-meeting/).

（3） またＨａｆＨは第三章でも取り上げたスノーピークビジネスソリューションズの「ｏｓｏｔｏ」を取り入れている。

（4） 総務省「関係人口ポータルサイト」（二〇一八年一〇月一日取得、http://www.soumu.go.jp/kankeijinkou/）。

【参考文献】

阿部智和・宇田忠司（2015）「日本のコワーキングスペースの現状（２）相関分析」『日本オフィス学会誌』7(2): 47-56.

阿部智和・宇田忠司（2016）「日本のコワーキングスペースの現状（２）相関分析」『日本オフィス学会誌』8(1): 18-27.

阿部智和（2014）「オフィス空間のデザイン研究のレビュー：知的創造性に着目したオフィス空間のデザインをめぐって」『地域経済経営ネットワーク研究センター年報』3: 87-101,（Retrieved October 10, 2018, http://hdl.handle.net/2115/55214）.

Adler, P. S. and Heckscher, C.（2007）“Towards Collaborative Community”, Heckscher, C. and Adler, P. S. eds., *The Firm as a Collaborative Community: Reconstructing Trust in the Knowledge Economy*, New York: Oxford University Press, 11-105.

Anderson, B.（1991［1983］）*Imagined Communities: Reflections on the Origin and Spread of Nationalism, rev. ed.* London: Verso.（＝白石隆・白石さや訳『増補・想像の共同体――ナショナリズムの起源と流行』ＮＴＴ出版、一九九七）

Anderson, C.,（2012）*Makers: The New Industrial Revolution*, London: Random House Business.（関美和訳『MAKERS――21世紀の産業革命が始まる』ＮＨＫ出版、二〇一二）

Attali, J.（2006）*Une brève histoire de l'avenir*, Paris: Fayard.（＝林昌宏訳『21世紀の歴史――未来の人類から見た世界』作品社、二〇〇八）

Augé, M.（1994）*Pour une anthropologie des mondes contemporains*, Paris: Aubier.（＝森山工訳『同時代世界の人類学』藤原書店、二〇〇二）

Augé, M.（1995）*Non-Places: An Introduction to Supermodernity*, London and New York: Verso.（＝中川真知子訳『非‐場所――スーパーモダニティの人類学に向けて』水声社、二〇一七）

Benjamin, W.（1936）“Das Kunstwerk im Zeitalter seiner technischen Reproduzierbarkeit”, *Gesammelte Schriften*, VII(1), Suhrkamp.（＝高木久雄・高原宏平訳『複製技術時代の芸術作品』晶文社、一九七〇）

Borden, I.（2001）*Skateboarding, Space and the City*, Oxford: Berg.（＝著齋藤雅子・中川美穂・矢部恒彦訳『スケートボーディング、空間、都市　身体と建築』新曜社、二〇〇六）

Bouncken, R. B., Laudien, S. M., Fredrich, V. and Görmar, L.（2017）“Coopetition in Coworking-spaces: Value Creation and Appropriation Tensions in an Entrepreneurial Space”, *Review of Managerial Science*, 12(3): 385-410.

Bruno, M. (2013) "Building new places of the creative economy. The rise of coworking spaces". (Retrieved October 10, 2018, https://halshs.archives-ouvertes.fr/halshs-00914075).

Buksh, B., and Davidson, J. (2013) "Digital work hubs – An activation framework for South East Queensland", The digital work hub project, (Retrieved September 10, 2018, digitalworkhub.com.au).

Callon, M., and Law, J., (1995) 'Agency and Hybrid Collectif,' *The South Atlantic Quarterly*, 94(2): 481–507.

Capdevila, I. (2014a) "Different Entrepreneurial Approaches in Localized Spaces of Collaborative Innovation", SSRN, (Retrieved October 10 (2018) https://ssrn.com/abstract=2533448).

Capdevila, I. (2014b) Different Inter-organizational Collaboration Approaches in Coworking Spaces in Barcelona. SSRN, (Retrieved October 10, 2018, https://ssrn.com/abstract=2502816).

Castells, M. (1996) *The Rise of the Network Society: The Information Age: Economy, Society and Culture*, Oxford, Blackwell.

Castells, M. (1999a) "An introduction to the information age", Mackay, H. and O'Sullivan, T. eds. *The Media Reader: Continuity and Transformation*, London: Sage.

Castells, M, (1999b) *Global Economy, Information Society, Cities and Regions*, Tokyo: Aoki Shoten. (＝大澤善信訳『都市・情報・グローバル経済』青木書店、一九九九)

Castells, M. (2000) "Grassrooting the Space of Flows", James O. W., Yuko A., Barney W. eds. *Cities in the Telecommunications Age : The Fracturing of Geographies*, New York: Routledge.

Castells, Manuel ed, (2005) *The Network Society: A Cross-Cultural Perspective*, London: Edward Elgar.

Castilho, M. F. and Quandt, C. O. (2017) "Collaborative Capability in Coworking Spaces: Convenience Sharing or Community Building?", *Technology Innovation Management Review*, 7(12): 32–42, (Retrieved October 10, 2018, http://doi.org/10.22215/timreview/1126).

Certeau, M. de. (1980) *L'invention du quotidien. 1: Art de faire*, Paris: U. G. E., coll. 10/18. (＝山田登世子訳『日常的実践のポイエティーク』国文社、一九八七)

Chesbrough, H. (2003) *Open Innovation: The New Imperative for Creating and Profiting from Technology*, Boston: Harvard Business School Press.

Chesbrough, H. (2006) "Open innovation: A new paradigm for understanding industrial innovation", Chesbrough, H., Vanhaverbeke, W., West, J. ed., *Open innovation: Researching a new paradigm*, Oxford: Oxford University Press, 1–12.

Christofer, P.（2014）“Brands, community and style – exploring linking value in fashion blogging”, *Journal of Fashion Marketing and Management*, 18(1): 3–19.

コワーキングマガジン舎（2014）『コワーキングマガジン vol. 1』コワーキングマガジン舎

Deskmag（2015）*First Results Of The New Global Coworking Survey*（二〇一九年四月二〇日取得、http://www.deskmag.com/en/first-results-of-the-new-global-coworking-survey-2015-16）.

Deskmag（2018）*2018 Coworking Forecast*（二〇一九年四月二〇日取得、http://www.deskmag.com/en/background-of-the-2018-global-coworking-survey-market-research）.

de Souza e Silva, A.（2006）“From cyber to hybrid: Mobile technologies as interfaces of hybrid spaces”, *Space and Culture*, 9（3）: 261–278.

de Souza e Silva, A. and Sutko, D. M. ed.（2009）*Digital cityscapes: merging digital and urban playspaces*, New York: Peter Lang.

Elliott, A., & Urry, J.,（2010）*Mobile lives*, Oxford: Routledge.（＝遠藤英樹監訳『モバイル・ライブズ――「移動」が社会を変える』ミネルヴァ書房、二〇一六）

Florida, R.,（2002）*The Rise of the Creative Class*, Basic Books.（＝井口典夫訳『クリエイティブ資本論』ダイヤモンド社、二〇〇八）

Foucault, M.（1975）*Surveiller et punir : Naissance de la prison*, Paris: Gallimard.（＝田村俶訳『監獄の誕生――監視と処罰』新潮社、一九七七）

Frey, C. B. and Osborne, M. A.（2013）“The future of employment: How susceptible are jobs to computerisation?”, Oxford University.（二〇一八年七月一日取得、http://www.oxfordmartin.ox.ac.uk/publications/view/1314）.

藤本憲一（2006）「反ユビキタス的『テリトリー・マシン』」松田美佐・岡部大介・伊藤瑞子編『ケータイのある風景――テクノロジーの日常化を考える』北大路書房、47–70。

Garret, L., Spreizer, G. M., and Bacevice, P. A.（2014）“Co-constructioning a sense of community in coworking spaces”, *Aca-demy of Management Annual Meeting Proceedings 2014*（2014(1): 1015–1020.（Retrieved October 10, 2018, https://doi.org/10.1177/0170840616685354）.

Garrett, L. E., Spreitzer, G. M., and Bacevice, P. A.（2017）“Co-constructing a Sense of Community at Work: The Emergence of Community in Coworking Spaces”, *Organization Studies*, 38(6): 821–842.（Retrieved October 10, 2018, https://doi.org/10.1177/0170840616685354）.

GBTA (2017) "Extending Business Travel into Leisure Time –Bleisure Study – North America-Based Business Travelers", (Retrieved September 10, 2018, http://www3.gbta.org/l/5572/2017-06-02/55l1xn).

Gehl, J. (1987) *Life Between Buildings: Using Public Space*, Washington: Island Press.（＝北原理雄訳『屋外空間の生活とデザイン』鹿島出版会、一九九〇）

Gehl, J. (2010) *Cities for People*, Washington: Island Press.（＝北原理雄訳『人間の街』鹿島出版会、二〇一四）

Gehl, J. and Svarre, B. (2013) *How to Study Public Life*, Washington: Island Press.（＝鈴木俊治・高松誠治・武田重昭・中島直人訳『パブリックライフ学入門』鹿島出版会、二〇一六）

Giddens, A. (1990) *The Consequences of Modernity*, Oxford: Polity Press.（＝松尾精文・小幡正敏訳『近代とはいかなる時代か?——モダニティの帰結』而立書房、一九九三）

Granger, B., Stanworth, J. and Stanworth, C. (1995) "Self-Employment Career Dynamics: The Case of 'Unemployment Push' in UK Book Publishing", *Work, Employment and Society*, 9(3): 499–516.

Granovetter, M. S. (1973) "The Strength of Weak Ties", *American Journal of Sociology*, 78: 1360–1380.

Gratton, L. and Scott, A., (2016) *The 100-Year Life: Living and Working in an Age of Longevity*, London: Bloomsbury Publishing.（＝池村千秋訳『LIFE SHIFT（ライフ・シフト）』東洋経済新報社、二〇一六）

羽渕一代（2006）「高速化する再帰性」松田美佐・岡部大介・伊藤瑞子編『ケータイのある風景——テクノロジーの日常化を考える』北大路書房、121–139。

濱野智史（2008）『アーキテクチャの生態系』ＮＴＴ出版。

花田愛・森田舞（2015）『オフィスはもっと楽しくなる——はたらき方と空間の多様性』プレジデント社。

Harvey, D. (1989) *The Condition of Postmodernity*, Oxford: Blackwell.（＝吉原直樹訳『ポストモダニティの条件』青木書店、一九九九）

橋元良明（2010）『ネオ・デジタルネイティブの誕生』ダイヤモンド社。

服部桂（2018）『マクルーハンはメッセージ』イースト・プレス。

Hjorth, L. (2007) "The Game of Being Mobile: One Media History of Gaming and Mobile Technologies in Asia-Pacific", *Convergence: The International Journal of Research into New Media Technologies*, 13(4): 369–381.

Hjorth, L. (2011) "Locating the Online: Creativity and User-Created Content in Seoul", *Media International Australia*, 141(1): 118–127.

Hjorth, L. and Goggin, G ed.（2009）*Mobile technologies: from telecommunication to Media*, London: Routledge.

本田直之（2012）『ノマドライフ――好きな場所に住んで自由に働くために、やっておくべきこと』朝日新聞出版。

Howard, E.,（1902）*Garden Cities of Tomorrow*, London: S. Sonnenschein & Co., Ltd..（＝山形浩生訳『明日の田園都市』鹿島出版会、二〇一六）

飯田美樹（2009）『Café から時代は創られる』いなほ書房。

池田晃一（2011）『はたらく場所が人をつなぐ――COPRESENCE WORK』日経ＢＰ社。

Illich, I.（1970）*Deschooling Society*, New York: Marion Boyars.（＝東洋・小澤周三訳『脱学校の社会』東京創元社、一九七七）

Illich, I.（1973）*Tools for Conviviality*, New York: Harper & Row.（＝渡辺京二・渡辺梨佐訳『コンヴィヴィアリティのための道具』ちくま学芸文庫、二〇一五）

Illich, I.（1976）*Limits to Medicine, Medical Nemesis: The Exploration of Health*, New York: Marion Boyars.（＝金子嗣郎訳『脱病院化社会――医療の限界』晶文社、一九九八）

稲水伸行（2009）「ノンテリトリアル・オフィスにおける空間密度とコミュニケーション――X社のオフィス移転の事例分析」『組織科学』42(3): 82-94。

稲水伸行（2013）「ワークプレイスの多様性・柔軟性・統合性――日本マイクロソフト社の品川オフィスの事例」『組織科学』47(1): 4-14。

Inka, K., Suvi, N.（2016）“Typologies for co-working spaces in Finland – what and how?”, *Facilities*, 34(5/6): 302-313,（Retrieved October 10, 2018, https://doi.org/10.1108/F-08-2014-0066）.

石山恒貴（2015）『時間と場所を選ばない　パラレルキャリアを始めよう！――「２枚目の名刺」があなたの可能性を広げる』ダイヤモンド社。

石山恒貴（2018）『越境的学習のメカニズム――実践共同体を往還しキャリア構築するナレッジ・ブローカーの実像』福村出版。

磯村英一（1968）『人間にとって都市とはなにか』ＮＨＫブックス。

Ito, M., Okabe, D., Matsuda, M. ed.（2005）*Personal, Portable, Pedestrian: Mobile Phones in Japanese Life*, Cambridge: MIT press.（＝伊藤瑞子・松田美佐・岡部大介編『ケータイのある風景――テクノロジーの日常化を考える』北大路書房、二〇〇六）

Jacobs, J.（1961）*The Death and Life of Great American Cities*, Random House.（＝山形浩生訳『アメリカ大都市の死と生』鹿島出版会、二〇一〇）

Johns, T. and Gratton, L.（2013）"The third wave of virtual work", *Harvard Business Review*, January–February: 66–73.

片岡亜紀子・石山恒貴（2017）「地域コミュニティにおけるサードプレイスの役割と効果」『地域イノベーション』9: 73-86。

Katz, J. E. & Aakhus, M. ed.（2002）*Perpetual Contact: Mobile Communication, Private Talk, Public Performance*, New York: Cambridge University Press.（＝立川敬二監修・富田英典監訳『絶え間なき交信の時代――ケータイ文化の誕生』ＮＴＴ出版、二〇〇三）

Kelly, K.（2016）*The Inevitable*, New York: Viking Press.（＝服部桂訳『〈インターネット〉の次に来るもの』ＮＨＫ出版、二〇一六）

木村忠正（2012）『デジタルネイティブの時代――なぜメールをせずに「つぶやく」のか』平凡社新書。

木下晃伸（2009）『デジタルネイティブの時代』東洋経済新報社。

岸本章弘・仲隆介・中西泰人・馬場正尊・みかんぐみ（2006）『POST-OFFICE――ワークスペース改造計画』ＴＯＴＯ出版。

小林重人・山田広明（2013）「地域のサードプレイスとしてのカフェ創出に関する研究――ソーシャル・キャピタルからの新たなサードプレイス像の検討」『知識共創』3: 1-10。

Kojo, I., Nenonen, S.,（2016）"Typologies for co-working spaces in Finland – what and how?", *Facilities*, 34(5/6): 302-313,（Retrieved October 10, 2018, https://doi.org/10.1108/F-08-2014-0066）.

紺野登（2008）『儲かるオフィス――社員が幸せに働ける「場」の創り方』日経ＢＰ社。

紺野登・華穎（2012）「知識創造のワークプレイス・デザイン――「ネットワークが職場」時代のイノベーションの場」『日本労働研究雑誌』627: 44-57。

Kopomaa, T.（2000）*The city in your pocket: Birth of the mobile information society*, Helsinki: Gaudeamus.（＝川浦康至・山田隆・溝渕佐知・森祐治訳『ケータイは世の中を変える――携帯電話先進国フィンランドのモバイル文化』北大路書房、二〇〇四）

鯨井康志編著（2005）『オフィス進化論――オフィスはどこへ向かうのか』日経ＢＰ社。

鯨井康志（2017）『「はたらく」の未来予想図――働く場所や働き方の過去・現在・未来』白揚社。

熊谷圭知（2013）「場所論再考――グローバル化時代の他者化を越えた地誌のための覚書」『お茶の水地理』52: 1-10。

クラウス・シュワブ・世界経済フォーラム（2016）『第四次産業革命――ダボス会議が予測する未来』日本経済新聞出版社。

黒川紀章（1989）『ノマドの時代――情報化社会のライフスタイル』徳間書店。

Kwiatkowski, A., and Buczynski, B.（2011a）*Coworking: Building Community as a Space Catalyst*, Fort Collins: Cohere Coworking.

Kwiatkowski, A. and Buczynski, B.（2011b）*Coworking: How Freelancers Escape the Coffee Shop Office and Tales of Community from Independents around the World*, Fort Collins: Cohere Coworking.
Lefebvre, H.（1974）*La Production de l'espace*, Paris: Anthropos.（＝斎藤日出治訳『空間の生産』青木書店、二〇〇〇）
Le Corbusier,（1923）*Vers une architecture*, Paris : édition Arthaud.（＝吉阪隆正訳『建築を目指して』鹿島出版会、一九六七）
Leclercq-Vandelannoitte, A. and Isaac, H.（2016）"The new office: how coworking changes the work concept", *Journal of Business Strategy*, 37(6): 3-9,（Retrieved April 10, 2019, https://doi.org/10.1108/JBS-10-2015-0105）.
Levinson, P.（1999）*Digital McLuhan: A Guide to the Information Millennium*, London: Routledge.（＝服部桂訳『デジタル・マクルーハン』ＮＴＴ出版、二〇〇〇）
Ling, R.（2004）*The Mobile Connection: The Cell Phone's Impact on Society*, San Fransisco: Morgan Kaufmann Publishers.
Lydon, M. and Garcia, A.（2015）*Tactical Urbanism: Short-term Action for Long-term Change*, Washington: Island Press.
Makimoto, T. and Manners, D.（1997）*Digital Nomad*, Chichester: John Wiley and Sons Ltd.（＝牧本次生・デビッド・マナーズ『デジタル遊牧民』工業調査会、一九九八）
牧野智和（2018）「オフィスデザインにおける人間・非人間の配置」『ソシオロゴス』42: 56-83。
真木悠介（1981）『時間の比較社会学』岩波書店。
Mann, S.（1994）"Mediated Reality", M.I.T. M.L. Technical Report 260.（二〇一八年七月一日取得、http://citeseerx.ist.psu.edu/viewdoc/download?doi=10.1.1.48.5056&rep=rep1&type=pdf）
丸田一（2002）『「場所」論――ウェブのリアリズム、地域のロマンチシズム』ＮＴＴ出版。
正高信男（2003）『ケータイを持ったサル』中央公論新社。
松田美佐・辻泉・土橋臣吾編（2014）『ケータイの２０００年代――成熟するモバイル社会』東京大学出版会。
松下慶太（2007）『てゆーか、メール私語』じゃこめてい出版。
松下慶太（2012）『デジタル・ネイティブとソーシャルメディア――若者が生み出す新たなコミュニケーション』教育評論社。
松下慶太（2016）「ワークプレイス、ワークスタイルの再編」富田英典編著『ポスト・モバイル社会――セカンドオフラインの時代へ』世界思想社、58-76。
松下慶太（2018）「ワークプレイス・ワークスタイルの柔軟化と空間感覚の変容に関する研究――Hubud, Fab Cafe Hida におけるワーケーションを事例に」『実践女子大学人間社会学部紀要』14: 17-30。
McKinsey and Company（2016）"INDEPENDENT WORK: CHOICE, NECESSITY, AND THE GIG ECONOMY",（二〇一八年七

月一日取得、https://www.mckinsey.com/featured-insights/employment-and-growth/independent-work-choice-necessity-and-the-gig-economy).
McLuhan, M.（1962）*The Gutenberg Galaxy: the Making of typographic Man*, Toronto: University of Toronto Press.（＝森常治訳『グーテンベルグの銀河系——活字人間の形成』みすず書房、一九八六）
McLuhan, M.（1964）*Understanding Media: The Extensions of Man*, New York: McGraw-Hill.（＝栗原裕・河本仲聖訳『メディア論——人間の拡張の諸相』みすず書房、一九八七）
Merkel, J.（2015）"Coworking in the city", *Ephemera Theory & Politics in Organization*, 15(2): 121-139.
Meyrowitz, Joshua（1985）*No Sense of Place: The Impact of Electronic Media on Social Behavior*, Oxford University Press.（＝安川一・高山啓子・上谷香陽訳『場所感の喪失（上）——電子メディアが社会的行動に及ぼす影響』新曜社、二〇〇三）
Milgram, P. and Kishino, F.（1994）"A Taxonomy of Mixed Reality Visual Displays", *IEICE Transactions on Information and Systems*, E77-D: 1321-1329,（二〇一八年七月一日取得、http://citeseerx.ist.psu.edu/viewdoc/summary?doi=10.1.1.102.4646).
三浦展（2004）『ファスト風土化する日本——郊外化とその病理』洋泉社。
水越伸編（1996）『20世紀のメディア〈1〉エレクトリック・メディアの近代』ジャストシステム。
Moores, S.（2012）*Media, Place and Mobility*, New York: Palgrave Macmillan.
Moores, S.（2018）*Digital Orientations: Non-Media-Centric Media Studies and Non-Representational Theories of Practice*, New York: Peter Lang.
Mumford, L.（1934）*Technics and Civilization*, New York: Harcourt, Brace and Company.（＝生田勉訳『技術と文明』美術出版社、一九七二）
Myerson, J., Bichard, J-A., and Erlich, A.（2010）*New Demographics New Workspace: Office Design for the Changing Workforce*, Farnham: Gower Publishing Ltd.
仲隆介（2010）「オフィスへの想いと新世代オフィス研究センター（ＮＥＯ）への期待」『日本オフィス学会誌』2(1): 72-7。
仲隆介（2012）「〈情報〉と〈働き方〉と〈建築〉の新しいかたちとしてのワークプレイス」『労働の科学』67(3): 4-7。
南後由和（2018）『ひとり空間の都市論』筑摩書房。
ＮＨＫ生活文化研究所（2016）『国民生活時間調査２０１５』。
日本経営協会（2014）『ノマドワーカーの働き方実態調査報告書』。
日本レコード協会（2018）『日本のレコード産業２０１８』（二〇一八年七月一日取得、http://www.riaj.or.jp/f/pdf/issue/

industry/RIAJ2018.pdf)。
日本テレワーク協会編（2007）『テレワーク白書２００７』日本テレワーク協会。
日本テレワーク協会テレワーク最新事例研究部会（2017）『ワークスタイル変革に資する第三の場（サードワークプレース）活用の可能性――２０１６年度テレワーク最新事例研究部会報告書』日本テレワーク協会。
Nonaka, Ikujiro and Takeuchi Hirotaka,（1995）*The Knowledge-Creating Company: How Japanese Companies Create the Dynamics of Innovation*, Oxford: Oxford University Press.（＝梅本勝博訳『知的創造企業』東洋経済新報社、一九九六）
岡田朋之・松田美佐（2002）『ケータイ学入門――メディア・コミュニケーションから読み解く現代社会』有斐閣。
岡田朋之・松田美佐（2012）『ケータイ社会論』有斐閣。
Oldenburg, R.（1989）*The great good place*, New York: Marlowe & Company.（＝忠平美幸訳『サードプレイス』みすず書房、二〇一三）
Olma, S.,（2012）*The Serendipity Machine – A Disruptive Business Model for Society 3.0*,（二〇一九年四月二〇日取得、https://www.seats2meet.com/downloads/The_Serendipity_Machine.pdf).
Ong, W.（1982）*Orality and Literacy: the technologizing of the word*, London/New York: Methuen.（＝桜井直文・林正寛・糟谷啓介訳『声の文化と文字の文化』藤原書店、一九九一）
長田攻一・田所承己（2014）『〈つながる／つながらない〉の社会学』弘文堂。
Parrino, L.（2015）"Co-working: assessing the role of proximity in knowledge exchange", *Knowledge Management Research & Practice*, 13(3): 261–271,（Retrieved October 10, 2018, https://doi.org/10.1057/kmrp.2013.47).
ぴあ総研（2017）『ライブ・エンタテインメント市場規模の調査結果』（二〇一八年七月一日取得、http://corporate.pia.jp/news/detail_live_enta2017.html)。
Pine II, B. J. and Korn, K. C.（2011）*Infinite Possibility: Creating Customer Value on the Digital Frontier*, San Francisco: Barrett-Koehler Publishers.
Prensky, M.（2001a）"Digital Natives, Digital Immigrants", *On the Horizon*, 9(5): 1–6,（二〇一八年七月一日取得、http://www.marcprensky.com/writing/Prensky%20-%20Digital%20Natives,%20Digital%20Immigrants%20-%20Part1.pdf).
Prensky, M.（2001b）"Do They Really Think Differently?", *On the Horizon*, 9(6): 1–6,（二〇一八年七月一日取得、http://www.marcprensky.com/writing/Prensky%20-%20Digital%20Natives,%20Digital%20Immigrants%20-%20Part2.pdf).
Putnam, R. D.（2000）*Bowling Alone: The Collapse and Revival of American Community*, New York: Simon and Schuster.（＝柴

内康文訳『孤独なボウリング――米国コミュニティの崩壊と再生』柏書房、二〇〇六）
リクルートワークス研究所（2018）「Works Index 2017」（二〇一八年七月一日取得、http://www.works-i.com/pdf/180606_worksindex2017.pdf）。
Relph, E.（1976）*Place and Placelessness*, London: Pion.（＝阿部隆・石山美也子訳『場所の現象学――没場所性を越えて』筑摩書房、二〇一三）
Rheingold, H.（2002）*Smart Mobs: The Next Social Revolution*, Cambridge: Perseus Publishing.（＝公文俊平・会津泉監訳『スマートモブズ――〝群がる〟モバイル族の挑戦』NTT出版、二〇〇三）
Ritzer, G.（1993）*The McDonaldization of Society: An Investigation into the Changing Character of ContemporarySocialLife*, Thousand Oaks: PineForgePress.（＝正岡寛司監訳『マクドナルド化する社会』早稲田大学出版部、一九九九）
笹井宏益・山本慶裕（2000）『メディアと生涯学習』玉川大学出版部。
佐藤彰男（2006）『テレワークの社会学的研究』お茶の水書房。
佐藤彰男（2008）『テレワーク――「未来型労働」の現実』岩波書店。
佐藤彰男（2012）「テレワークと『職場』の変容」『日本労働研究雑誌』54(10): 58–66。
Scannell, P.（1996）*Radio, Television and Modern Life*, Oxford: Blackwell.f
下村尚久（1981）「オフィスオートメーションの現状と将来」『テレビジョン学会誌』35(12): 1033–1038。
Simmel, G.,（1908）*Soziologie. Untersuchungen ü die Formen der Vergesellschaftung*, Berlin: Duncker & Humblot.（＝居安正訳『社会学　上・下』白水社、一九九四）
Soja, E. W.（1989）*Postmodern Geographies: the reassertion of space in critical social theory*, London and New York: Verso.（＝加藤政洋・西部均・水内俊雄・長尾謙吉・大城直樹訳『ポストモダン地理学――批判的社会理論における空間の位相』青土社、二〇〇三）
Soja, E. W.（1996）*Thirdspace: journeys to Los Angeles and other real-and-imagined places*, Oxford: Blackwell.（＝加藤政洋訳『第三空間――ポストモダンの空間論的転回』青土社、二〇〇五）
Soja, E. W.（2000）*Postmetropolis: critical studies of cities and regions*, Oxford: Blackwell.
総務省（2018）「平成二九年通信利用動向調査」。
Spinuzzi, C.（2012）"Working Alone Together: Coworking as Emergent Collaborative Activity", *Journal of Business and Technical Communication*, 26(4): 399–441,（Retrieved October 10, 2018, https://doi.org/10.1177/1050651912444070）.

Spinuzzi, C.（2015）*All Edge: Inside the new work place networks*, Chicago:University of Chicago Press.

Spinuzzi, C., Bodrozic, Z, Scaratti, G et al.（2018）“Coworking is about community” but what is “community” in coworking?”, *Journal of Business and Technical Communication*, in press,（Retrieved October 10, 2018, http://eprints.whiterose.ac.uk/128983/）.

Stumpf, C.（2013）*Creativity and Space: The Power of Ba in Coworking Spaces*. Masters Thesis, Corporate Management & Economics. Zeppelin University.（修士論文）

Street Plans Collaborative,（2012a）*Tactical urbanism volume 1*,（Retrieved April 20, 2019, https://issuu.com/streetplanscollaborative/docs/tactical_urbanism_vol.1）.

Street Plans Collaborative,（2012b）*Tactical urbanism volume 2*,（Retrieved April 20, 2019, https://issuu.com/streetplanscollaborative/docs/tactical_urbanism_vol_2_final）.

鈴木謙介（2013）『ウェブ社会のゆくえ――〈多孔化〉した現実のなかで』ＮＨＫ出版。

田所承己（2107）『場所でつながる／場所とつながる』弘文堂。

田村秋雄（1982）「オフィスオートメーションの背景と展望」『日立評論』64(4): 1-5。

田中元子（2017）『マイパブリックとグランドレベル』晶文社。

Tapscott, D.（1998）*Grown Up Digital: The Rise of the Net Generation*, New York: McGraw-Hill.（＝橋本恵・菊池早苗・清水伸子訳『デジタルチルドレン』ソフトバンククリエイティブ、一九九八）

Tapscott, D.（2008）*Grown Up Digital: How the Net Generation is Changing Your World*, New York: McGraw-Hill.（＝栗原潔訳『デジタルネイティブが世界を変える』翔泳社、二〇〇九）

Toffler, A.（1980）*The third wave*, New York: Bantam Books.（＝徳山二郎監修・鈴木健次・櫻井元雄翻訳『第三の波』日本放送出版協会、一九八〇）

富田英典・藤本憲一・岡田朋之・松田美佐・高広伯彦（1997）『ポケベル・ケータイ主義！』ジャストシステム。

富田英典編（2016）『ポスト・モバイル社会――セカンドオフラインの時代へ』世界思想社。

Tuan, Y. F.（1974）*TOPOPHILIA: A study of Environmental Perception, Attitudes and Values*, Chicago: Prentice-Hall.（＝小野有五・阿部一訳『トポフィリア――人間と環境』せりか書房、一九九二）

Tuan, Y. F.（1977）*Space and Place: The Perspective of Experience*, Minneapolis: University of Minnesota Press.（＝山本浩訳『空間の経験』筑摩書房、二〇〇九）

Tuan, Y. F.（2004）“Sense of place: its relationship to self and time”, Mels. T. ed. *Reanimating Places: A Geography of Rhythms*, London: Routledge.

Turkle, S.（2011）*Alone Together: Why We Expect More from Technology and Less from Each Other*, New York: Basic Books.（＝渡会圭子訳『つながっているのに孤独――人生を豊かにするはずのインターネットの正体』ダイヤモンド社、二〇一八）

宇田忠司（2013）「コワーキングの概念規定と理論的展望」『經濟學研究』63(1): 115-125。

宇田忠司・阿部智和（2015）「日本のコワーキングスペースの現状（1）記述統計分析」『日本オフィス学会誌』7(2): 37-46。

Uda, T. And Abe, T.（2018）“What contributes to community building and sustainability enhancement in coworking spaces?”, *Discussion Paper, Series A*, 329: 1-29,（Retrieved October 10, 2018, http://hdl.handle.net/2115/71531）.

宇田忠司・阿部智和（2018）「コワーキングスペースにおけるコミュニティ構築とサステナビリティ向上の要因」『Discussion Paper』Series B 159: 1-27。

Urry, J.（2000）*Sociology beyond Societies: Mobilities for the twenty-first century*, NY: Routledge.（＝吉原直樹監訳『社会を越える社会学――移動・環境・シチズンシップ』法政大学出版局、二〇〇六）

Urry, J.（2007）*Mobilities*, Cambridge: Polity Press.（＝吉原直樹・伊藤嘉高訳『モビリティーズ――移動の社会学』作品社、二〇一五）

van den Hoff, R.,（2014）*Society 3.0*, Utrecht: Society 3.0 Foundation.（二〇一九年四月二〇日取得、https://unglue.it/download_ebook/40769/）

van Meel, J. and Brinkø, R.（2014）“Working apart together”, Euro FM Insight, September: 10-11.

Virilio, P.（1998）*La bombe informatique*, Paris: Galilée.（＝丸岡高弘訳『情報化爆弾』産業図書、一九九九）

Wenger, E.（1998）*Communities of Practice: Learning, Meaning, and Identity*. New York: Cambridge University Press.

Wenger, E., McDermott, R., and Snyder, W.（2002）*Cultivating Communities of Practice: A Guide to Managing Knowledge*, Cambridge: Harvard Business School Press.（＝櫻井祐子訳『コミュニティ・オブ・プラクティス――ナレッジ社会の新たな知識形態の実践』翔泳社、二〇〇二）

Whyte, W. H.（1988）*City: Rediscovering the Center*, Philadelphia: University of Pennsylvania Press.（＝柿本照夫訳『都市という劇場――アメリカン・シティ・ライフの再発見』日本経済新聞社、一九九四）

World Economic Forum（2016）“The Future of Jobs”,（二〇一八年七月一日取得、http://www3.weforum.org/docs/WEF_Future_of_Jobs.pdf）.

Wu, W. (2018) "Sharing or Integration: Rethinking the Localization of Co-working Spaces in Shanghai", Martin, L. and Wilson, N. ed., *The Palgrave Handbook of Creativity at Work*, Cham: Palgrave Macmillan, 223-243.

参考サイト

総務省「情報通信白書」http://www.soumu.go.jp/johotsusintokei/whitepaper/index.html
総務省「通信利用動向調査」http://www.soumu.go.jp/johotsusintokei/statistics/statistics05.html
ＮＨＫ放送文化研究所「国民生活時間調査」https://www.nhk.or.jp/bunken/research/yoron/index.html?p=%E7%94%9F%E6%B4%BB%E6%99%82%E9%96%93%E8%AA%BF%E6%9F%BB
Pew Research Center　http://www.pewresearch.org/
PPS（Project for Public Spaces）　https://www.pps.org/

おわりに

筆者の勤務する大学は渋谷にある。渋谷といえば若者の街、というイメージが強いが、一九九〇年代には「ビット・バレー」と呼ばれ多くのＩＴベンチャーが拠点を置いた街は、今では日本で有数のコワーキングスペース密集地帯となっている。さらに二〇一〇年代末から渋谷駅を中心とした大規模な再開発計画が進み、多くのオフィス・ビルも立ち並ぶようになった。さらに毎年一一月の勤労感謝の日の前後にはＴＷＤＷ（Tokyo Work Design Week）と題した働き方を考えるイベントが行われているなど、渋谷は若者の街というだけではなく、ＩＴ産業やクリエイティブ産業の集積地でもあり、さらに、「働くこと」を考えるメッカともなっている。

渋谷はどこか怪しく、自由で、クリエイティブやヒッピー的な雰囲気を大事にする。そういった意味で、渋谷は、東京において丸の内を中心とする「大企業的な」働き方に対するオルタナティブとも言える都市である。こうした立地に身をおいて、日々そうした話題について話したり、感じたりすることが、働き方の未来について考えていくためのきっかけとなった。

本書のテレワーク、コワーキングスペース、ワーケーションについては、すでに発表した「ワークプレイス、ワークスタイルの再編」（富田英典編著『ポスト・モバイル社会——セカンドオフラインの時代へ』世界思想社）、「ワークプレイス・ワークスタイルの柔軟化と空間感覚の変容に関する研究——Hubud, Fab Cafe Hida におけるワーケーションを事例に」（『実践女子大学人間社会学部紀要』第一四集）などを元にしながら大幅に加筆修正を行った。

多くの部分はとりわけ二〇一八～二〇一九年にかけて筆者自身が勤務する大学のサバティカル（研究休暇）を利用して書き上げた。サバティカルでは籍を置かせていただいたベルリン工科大学社会学部の研究室をベースに、海外のコワーキングスペースなどで調査や分析、執筆といった「仕事」をしつつ、「休暇」を過ごしていた。その中で、日本の大学で働きながらではなかなか実施が難しかった数週間から一ヶ月に渡るワーケーションの調査も行うことができた。いわば、筆者自身も本書で取り上げるような柔軟なワークスタイルの実践によって本書を書く、という、いわば入れ子状の「仕事」となった。

本書でも触れた地理学者レルフによると、場所への関わり方として、小説などを通じて経験する、その場所に物理的に存在する、その場所への感情的な参加として関わる、そして最終的には、完全で無意識で自然と感じる、といった分け方ができるという。

こうした分け方は現場での観察や聞き取りを含むフィールドワークにおける研究態度とも通じるところがあるだろう。本書では取り上げる対象のひとつであるコワーキングスペースとの関わりとして、情報として知るだけ、またその場にいるだけでは不十分であった。コミュニティ・マネージャー、ワーカーを含めてより多くの対象を経験し、接近する必要があるが、一方でそれを無意識レベルで経験してしまっては対象化できず研究にならない。つまり、その場所に感情的にも関与しつつ、距離化して関わることになる。場所こそ変われど、数年に渡って各国のさまざまなコワーキングスペースで、このような態度で調査を続けるうちに、自分自身の働き方についても改めて考えるきっかけとなった。

研究を実施するにあたって、協力いただいたオフィスやコワーキングスペース、関係者の皆様に感謝を示したい。紙幅の関係から本書で扱いきれなかった事例も多い。滞在したベルリンではザンクト・オーバーホーツと並んで草創期のコワーキングスペースでもある「ベータハウス（Betahaus）」や、ウィーワークと同様にグローバルに展開しつつあるイスラエル発の「マインド・スペース」などでもフレンドリーにお話を聞かせていただいた。またヨーロッパではパリでもかつての駅を改装した「ステーション・エフ（Station F）」やカフェ的な雰囲気を持つ「コージー・コーナー（Cosy Coner）」「Le 10H10」などのコワーキングスペースに滞在させていただいた。その他、サンフランシスコ、ニューヨーク、スペイン・テネリフェ島でも本書で取り上げることができなかったさまざまなコワーキングスペースに滞在し、お話を聞かせていただいた。どの場所もそれぞれ個性があり、そこで行われているコミュニティ形成や、地域や都市のあり方との関連の中で得た知見、興味深いものとなり、本書に広がりと深みを与えてくれた。ここで感謝の意を記したい。

二〇一九年三月　何度も通ったベルリンのザンクト・オーバーホーツにて。

松下慶太

※本書は二〇一八年度実践女子学園学術・教育研究図書出版助成（実践女子学園学術・教育研究叢書―二六―）および二〇一五～二〇一七年度・科学研究費補助金基盤（B）「ポスト・モバイル社会に関する社会学的研究」（代表：富田英典）、二〇一六～二〇一七年度公益財団法人電気通信普及財団「ワークプレイス・ワークスタイルの柔軟化と空間感覚の変容に関する研究」などの研究助成による研究成果の一部である。

マ　行

ヤ　行

ラ　行

ワ　行

ナ　行

ハ　行

サ　行

タ　行

索　引

著者略歴

1977 年神戸市生まれ。実践女子大学人間社会学部准教授。京都大学文学部・文学研究科、フィンランド・タンペレ大学ハイパーメディア研究所研究員などを経て現職。京都大学文学研究科にて博士（文学）。専門はメディア論、若者論、学習論、コミュニケーション・デザイン。主な著作として『キャリア形成支援の方法論と実践』（東北大学出版会、2017 共編著）、『ネット社会の諸相』（学文社、2015 飯田良明と共編著）、『キャリア教育論』（慶應義塾大学出版、2015 荒木淳子・伊達洋駆と共著）、『デジタル・ネイティブとソーシャルメディア』（教育評論社、2012）など。

モバイルメディア時代の働き方
拡散するオフィス、集うノマドワーカー

2019 年 7 月 20 日　第 1 版第 1 刷発行

著 者　松(まつ) 下(した) 慶(けい) 太(た)

発行者　井 村 寿 人

発行所　株式会社　勁(けい) 草(そう) 書 房

112-0005 東京都文京区水道2-1-1　振替　00150-2-175253
（編集）電話 03-3815-5277／FAX 03-3814-6968
（営業）電話 03-3814-6861／FAX 03-3814-6854
本文組版 プログレス・日本フィニッシュ・松岳社

ISBN978-4-326-55082-1　　Printed in Japan

http://www.keisoshobo.co.jp

牧野智和
日常に侵入する自己啓発
生き方・手帳術・片づけ
四六判　二九〇〇円
65393-5

飯田豊・立石祥子 編著
現代メディア・イベント論
パブリック・ビューイングからゲーム実況まで
四六判　三〇〇〇円
65410-9

轡田竜蔵
地方暮らしの幸福と若者
四六判　三六〇〇円
65407-9

仲 修平
岐路に立つ自営業
専門職の拡大と行方
A5判　四五〇〇円
60313-8

筒井・櫻井・本田 編著
就労支援を問い直す
自治体と地域の取り組み
A5判　三〇〇〇円
60266-7

*表示価格は二〇一九年七月現在。消費税は含まれておりません。

勁草書房刊